Joachim Traub

55 Stundeneinstiege Politik

Bild- und Textquellen:

S. 9 Bundestag © Tobias Koch – Wikimedia
SPD Parteizentrale © Manfred Brückels – Wikimedia
S. 10 G7 Gipfel, Gang zum Foto © G7-2015.de – Wikimedia
S. 35 Diagramm EUR-USD © Thomas Steiner – Wikimedia
S. 36 Demonstration © carstingaxion / Carsten Bach – Wikimedia
Leserbrief © Prof. Dr. Rüdiger Spiegelberg – Badische Zeitung vom 13.12.2010
Parteitag © – Olaf Kosinsky – Wikimedia
Wahl © – Alexander Hauk / www.alexander-hauk.de – Wikimedia
S. 37 Stuttgarter Bahnhof © Mussklprozz – Wikimedia
S. 39 Der Euro © MEV Verlag, Nr. 45004
S. 56 Karikatur © Jürgen Janson

Gedruckt auf umweltbewusst gefertigtem, chlorfrei gebleichtem und alterungsbeständigem Papier.

2. Auflage 2020
Nach den seit 2006 amtlich gültigen Regelungen der Rechtschreibung
© Auer Verlag
AAP Lehrerwelt GmbH, Augsburg
Alle Rechte vorbehalten
Das Werk und seine Teile sind urheberrechtlich geschützt. Jede Nutzung in anderen als den gesetzlich zugelassenen Fällen bedarf der vorherigen schriftlichen Einwilligung des Verlages.
Hinweis zu § 52 a UrhG: Weder das Werk noch seine Teile dürfen ohne eine solche Einwilligung eingescannt und in ein Netzwerk eingestellt werden. Dies gilt auch für Intranets von Schulen und sonstigen Bildungseinrichtungen.
Illustrationen: Steffen Jähde, Hendrik Kranenberg, Thorsten Trantow
Umschlagfoto: Fotolia
Satz: Fotosatz H. Buck, Kumhausen
Druck und Bindung: Franz X. Stückle Druck und Verlag, Ettenheim
ISBN 978-3-403-**07760**-2

www.auer-verlag.de

„Zum Einstieg habe ich diese Karikatur mitgebracht ..."

In der Tagespresse und im Internet findet sich eine Vielzahl Karikaturen, die sich hervorragend als Einstieg in eine Politikstunde eignen. Zu nahezu jedem Thema lässt sich eine entsprechende kritische Zeichnung finden. Leicht ist man versucht, des Öfteren einen solchen kurzen, prägnanten und pointierten Einstieg zu wählen. Aber spätestens nach der dritten Stunde in Folge, die mit einer Karikatur beginnt, lässt sich auch ein interessierter Schüler[1] nicht mehr richtig motivieren, sich mit dem Stundenthema zu beschäftigen. Dabei kommt dem Einstieg eine Schlüsselstellung im Unterricht zu. Nur wenn es gelingt, die Schüler neugierig zu machen und sie dazu motiviert werden, sich auf ein Thema einzulassen und sich damit zu beschäftigen, werden sie engagiert bei der Sache sein und zu guten Ergebnissen kommen. Dies gilt umso mehr im Politikunterricht, der von engagierten Meinungen und kritischer Diskussion lebt. Daher lohnt es sich, den ersten Minuten einer Stunde eine besondere Aufmerksamkeit zukommen zu lassen.

Ein guter Stundeneinstieg muss vom Schüler aus gedacht sein und einen problemorientierten Zugang zum Thema ermöglichen. Er motiviert, weckt Interesse und führt schüler- und handlungsorientiert in die Stunde ein. Dabei darf er durchaus provozieren oder einen Widerspruch enthalten. Er fördert die Kreativität und regt die Fantasie an.

Dieser Band enthält eine Sammlung erprobter Unterrichtseinstiege, die zum Ausprobieren, Variieren und Weiterentwicklung anregen sollen. Die beschriebenen Einstiege bewegen sich in einem zeitlichen Rahmen von 5–20 Minuten. Berücksichtigt ist dabei, dass Politik ein Fach ist, bei dem die Schüler in der Regel über Vorwissen und Präkonzepte verfügen und zu (gesellschafts-) politischen Themen und Fragestellungen oft schon bestimmte Einstellungen und Haltungen haben.

Der Aufbau der Handreichung

Im ersten Kapitel finden sich Anregung für einen **wiederholenden Stundeneinstieg**, bei dem nicht das stupide Abfragen im Mittelpunkt stehen soll.

Im zweiten Kapitel werden Einstiege vorgestellt, die darauf abzielen, die **Präkonzepte der Schüler** zu ermitteln. Bei diesen Vorschlägen sollen Haltungen, Meinungen und Vorkenntnisse aktiviert werden, um sie so fruchtbringend im weiteren Unterrichtsverlauf nutzen zu können.

Die Kapitel 3 und 4 beschäftigen sich mit Einstiegen in eine neue Thematik. Während in Kapitel 3 die Hinführung zu einer **einzelnen Unterrichtsstunde** im Vordergrund steht, sind die in Kapitel 4 gemachten Vorschläge, schon wegen des zeitlichen Aufwandes, eher zur Einleitung einer mehrere Stunden umfassenden **Unterrichtssequenz** gedacht. Gleichwohl können sie in abgewandelter Form auch in einer Einzel- oder Doppelstunde Verwendung finden.

---

[1] Aufgrund der besseren Lesbarkeit ist in diesem Buch mit Schüler immer auch die Schülerin gemeint, ebenso verhält es sich mit Lehrer und Lehrerin etc.

Da in den Bildungsplänen der einzelnen Bundesländer die politische Bildung sehr unterschiedlich in der Stundentafel verankert ist, wird bei den vorgestellten Methoden angegeben, **ab welchem Lernjahr** ein Einsatz sinnvoll erscheint.

Zudem wird die ungefähre **Dauer** jeder Einstiegsidee angegeben, die als Orientierungswert dienen soll. Abhängig vom Niveau und den Interessen der Lerngruppe lässt sich der Zeitrahmen individuell an deren Bedürfnisse anpassen. Insbesondere beim Einstieg in eine neue Unterrichtseinheit und bei handlungsorientierten Einstiegen sollte man den Zeitrahmen nicht zu knapp kalkulieren.

Wenn besondere **Voraussetzungen** erfüllt sein müssen oder **Material** benötigt wird, ist dies zu Beginn des Einstieges angegeben. Aufwendiger zu gestaltendes Material ist dabei in der Regel mehrfach zu verwenden.

Die Angaben zur **Durchführung** sind vor dem Hintergrund der raschen Handhabung in Stichworten aufgeführt. Wo es sinnvoll war, wurden konkrete Beispiele zur Verdeutlichung aufgenommen und mit Lösungen versehen.

Zur besseren Orientierung werden regelmäßig wiederkehrende Begriffe mit folgenden Symbolen veranschaulicht:

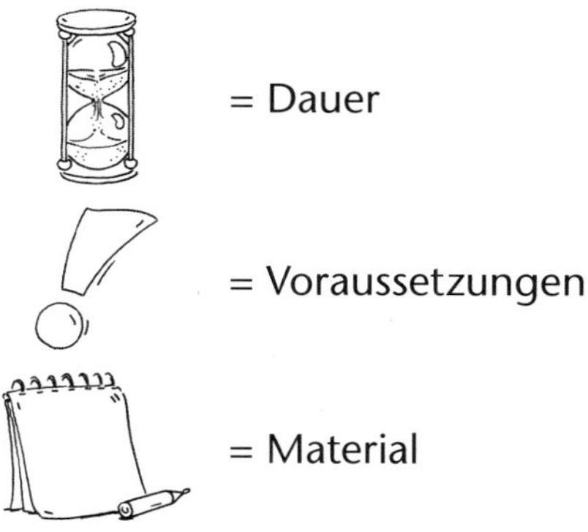

Unter **Weitere Hinweise** finden Sie Anregungen, in welchen anderen Varianten und Einsatzmöglichkeiten der jeweilige Einstieg verwendbar ist, sowie Tipps zur Weiterführung der Stunde.

Zum leichten Wiederauffinden der Methoden sind im **Index** (S. 64) alle Einstiege in alphabetischer Reihenfolge aufgelistet.

1.1 Wissenspräsident

ca. 5 Min. ab 1. Lj.

keine besonderen Voraussetzungen

vorbereitete Fragen mit unterschiedlichem Schwierigkeitsgrad, Tafel bzw. Folie und Projektor

Durchführung:

- Ein Schüler wird ausgewählt, Fragen mit zunehmendem Schwierigkeitsgrad zu beantworten.
- Gibt der Schüler eine richtige Antwort, rückt er eine Stufe höher.
- Die Wiederholung endet, wenn der Schüler die oberste Stufe erreicht hat oder eine vorher festgelegt Anzahl an Fragen gestellt und richtig beantwortet wurde.

Weitere Hinweise:

Idealerweise decken die Fragen die Anforderungsbereiche Reproduktion, Reorganisation und Transfer ab.

Um die Motivation zu steigern, können zwei Schüler bzw. Schülergruppen gegeneinander antreten. Sieger ist, wer zuerst die oberste Stufe erreicht – der Verlierer hat dann beispielsweise Tafeldienst.

Joachim Traub: 55 Stundeneinstiege Politik © Auer Verlag

1.2 Einer muss raus

ca. 5 Min.

ab 1. Lj.

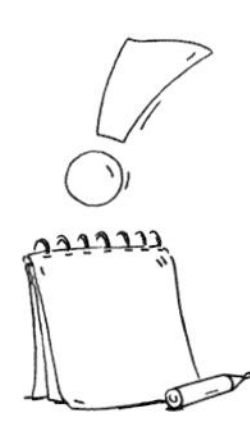

keine besonderen Voraussetzungen

vorbereitete Kärtchen mit jeweils vier Begriffen, von denen einer nicht zu den drei anderen passt

Durchführung:

- Ein Schüler zieht eine Karte und wählt einen Begriff aus, der seiner Ansicht nach nicht zu den anderen passt. Er begründet seine Auswahl kurz.
- Wählt er den unpassenden Begriff und kann er seine Entscheidung begründen, darf er einen Schüler benennen, der als nächster an der Reihe ist.

Beispiele:

Thema: Partei

- *CDU*
- *SED*
- *~~DRK~~*
- *FDP*

Thema: Bundeskanzler

- *~~Staatsoberhaupt~~,*
- *Regierungschef,*
- *Helmut Kohl,*
- *Richtlinienkompetenz*

Thema: Soziale Sicherung

- *Arbeitslosenversicherung,*
- *Rentenversicherung,*
- *~~Haftpflichtversicherung~~,*
- *Krankenversicherung*

Weitere Hinweise:

Werden die Begriffe an die Tafel geschrieben oder auf Folie gezeigt, können alle Schüler teilnehmen.

Abhängig vom Leistungsstand der Klasse sollten mehr oder weniger Begriffe auf der Karte stehen.

Joachim Traub: 55 Stundeneinstiege Politik © Auer Verlag

keine besonderen Voraussetzungen

Tabu®-Karten mit einem hervorgehobenen Begriff, den es zu erklären gilt, sowie mehreren Tabu®-Wörtern, die beim Erklären nicht verwendet werden dürfen

Durchführung:

- Ein Schüler zieht eine Tabu®-Karte und erklärt den Begriff, ohne die darunter aufgeführten Wörter zu verwenden.
- Wird ein Tabu®-Wort genannt, ist ein anderer Schüler an der Reihe.
- Der Schüler, der den Begriff errät, darf den nächsten erklären.

Beispiele:

Inflation

- Geld
- Zinsen
- Zentralbank
- Wert
- Teuerung

Euro

- Währung
- Geld
- bezahlen
- Scheine
- Bank

Nachfrage

- Angebot
- Preis
- Güter
- Markt
- Verbraucher

Unternehmen

- Betrieb
- Arbeitgeber
- Produktion
- Wirtschaft
- Gewinn

Weitere Hinweise:

Variante: Der Lehrer gibt die zu erklärenden Begriffe vor, die Schüler erarbeiten in Gruppen die Liste mit den Tabu®-Wörtern.

Durch die Anzahl der Tabu®-Wörter kann der Schwierigkeitsgrad verändert werden.

Joachim Traub: 55 Stundeneinstiege Politik © Auer Verlag

keine besonderen Voraussetzungen

vorbereitete Memory®-Kärtchen (abhängig von der Klassengröße drei bis sechs Sätze → 32–48 Kärtchen)

Durchführung:

- Die Schüler bilden Gruppen zu drei bis fünf Personen.
- Alle Memory®-Kärtchen werden gemischt und dann verdeckt auf den Tisch gelegt.
- Die Schüler kommen nacheinander an die Reihe. Es werden jeweils zwei Kärtchen aufgedeckt. Wird ein passendes Paar gefunden, darf der Schüler es behalten und die nächsten beiden Karten aufdecken.
- Werden zwei Kärtchen aufgedeckt, die nicht zueinander passen, ist der nächste Schüler an der Reihe.
- Gewonnen hat der Schüler, der die meisten Paare hat.

Weitere Hinweise:

Werden die Kärtchen laminiert oder auf Karton aufgeklebt, lassen sie sich mehrfach verwenden.

Neben den Kombinationen „Bild – Begriff" können auch andere Paare wie „Bild – Bild" oder „Frage – Antwort" gebildet werden.

Joachim Traub: 55 Stundeneinstiege Politik © Auer Verlag

1.5 Dalli-Klick

ca. 5 Min. | ab 1. Lj.

keine besonderen Voraussetzungen

Bild, Karikatur, Diagramm etc. auf Folie, Papierschnipsel zum Abdecken, Projektor

Durchführung:

- Der Lehrer legt die Folie mit einem Bild, einem Diagramm o. Ä., das sich auf die Inhalte der letzten Stunden bezieht, auf den Tageslichtprojektor. Es ist zunächst mit den Papierschnipseln vollständig bedeckt.
- Nach und nach werden einzelne Schnipsel entfernt. Die Schüler versuchen, das Thema des Bildes so schnell wie möglich zu finden.
- Der Schüler, der die richtige Antwort nennt, referiert kurz zum dargestellten Thema bzw. Inhalt.

Politiker beim G7-Gipfel 2015 auf dem Weg zum Fototermin

Weitere Hinweise:

Variante: Die Wiederholung lässt sich auch als kleiner Wettkampf organisieren, bei dem die Klasse in zwei bis fünf Gruppen eingeteilt wird, die gegeneinander antreten.

Die Dalli-Klick-Folien lassen sich auch mit PowerPoint® oder einem anderen Präsentationsprogramm erstellen, indem ein Bild mit Sechsecken verdeckt wird und diese so animiert werden, dass sie nach und nach verschwinden.

Alternativ findet sich im Internet eine Reihe von kleinen, kostenfreien Programmen, um solche Folien zu erstellen.

Joachim Traub: 55 Stundeneinstiege Politik © Auer Verlag

keine besonderen Voraussetzungen

mindestens 15 zum Thema passende Materialien (Bilder, Zeitungsüberschriften, Karikaturen, Diagramme, Gegenstände etc.)

Durchführung:

- Ein Schüler wählt aus den bereitgestellten Materialien drei aus, die seiner Meinung nach den größten Bezug zum Thema haben.
- Der Schüler begründet seine Auswahl.
- Ein weiterer Schüler trifft seine Auswahl. Um Wiederholungen zu vermeiden, stehen die bereits verwendeten Materialien nicht mehr zur Verfügung.
- Noch maximal zwei weitere Schüler wählen unter den verbliebenen Materialien drei Stück aus und begründen ihre Auswahl.

Weitere Hinweise:

Diese Art der Wiederholung bietet sich besonders am Ende einer Sequenz bzw. Einheit an.

Variante 1: „Wähle aus den Materialien diejenigen aus, die deiner Meinung nach am wenigsten mit dem Thema zu tun haben. Begründe Deine Auswahl."

Variante 2: „Wähle die Materialien aus, die Inhalte zeigen, die dir bei der Behandlung des Themas besonders leichtgefallen sind / schwergefallen sind / Spaß gemacht haben. Begründe Deine Auswahl."

Joachim Traub: 55 Stundeneinstiege Politik © Auer Verlag

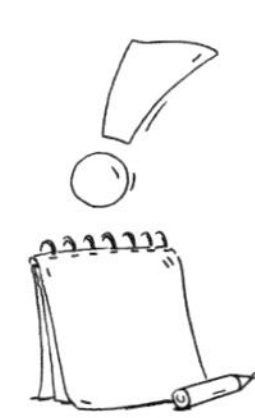

keine besonderen Voraussetzungen

Handytastatur mit Buchstaben und Zahlen an die Tafel zeichnen

Durchführung:

- Der Lehrer wählt einen Begriff der vergangenen Stunden (maximal zehn Buchstaben ohne Umlaute) und tippt ihn – wie bei einer SMS – auf die Tastatur an der Tafel. Alternativ kann auch die Nummer an die Tafel geschrieben werden.
- Die Schüler versuchen nun, den gesuchten Begriff zu finden.
- Der Schüler, der den Begriff zuerst errät, darf den nächsten auswählen und an der (Tafel-)Tastatur eingeben.

Beispiele:

Nummer	Buchstabenkombination	Lösung
238	(AB**C**)(**D**EF)(T**U**V)	CDU
727834	(**P**QRS)(**A**BC)(PQ**R**S)(**T**UV)(D**E**F)(GH**I**)	Partei
924536	(**W**XYZ)(**A**BC)(G**H**I)(JK**L**)(D**E**F)(M**N**O)	Wahlen

Joachim Traub: 55 Stundeneinstiege Politik © Auer Verlag

1.8 Anagramme

keine besonderen Voraussetzungen

vorbereitete Anagramme

Durchführung:

- Der Lehrer schreibt einen Begriff, der sich mit den Inhalten der vergangenen Stunden beschäftigt, als Anagramm an die Tafel.
- Die Schüler versuchen in Einzel- oder Partnerarbeit, den gesuchten Begriff zu finden.
- Kommt niemand auf die Lösung, kann der Lehrer Tipps geben.

Beispiele:

Anagramm	Lösung	Tipp
BAND LESEN KURZ	Bundeskanzler	• Art. 62 ff. GG • Von seinem Büro aus sieht er den Reichstag. • …
AB EILIGSTE SKIORT	Arbeitslosigkeit	• Sie wird absolut oder relativ angegeben. • Die zuständige Behörde hat ihren Sitz in Nürnberg. • …
BUSH WERDEN	Bundeswehr	• Sie hat den zweitgrößten Etat im Bundeshaushalt (2015). • Sie darf nur im Katastrophenfall im Inland eingesetzt werden. • …

Weiterer Hinweis:

Anagramm-Generatoren finden sich im Internet, z. B. www.anagrammgenerator.de

Joachim Traub: 55 Stundeneinstiege Politik © Auer Verlag

1.9 Invers-Jeopardy®

ca. 8 Min. ab 2. Lj.

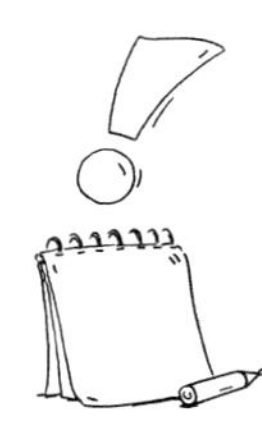

keine besonderen Voraussetzungen

keine

Durchführung:

- Zwei Schüler verlassen das Klassenzimmer. Die übrigen Schüler notieren jeweils ein Stichwort, das sich auf die Inhalte der letzten Stunden bezieht.
- Der erste Schüler wird hereingeholt. Er wählt nacheinander fünf Mitschüler aus, die jeweils ihre Begriffe nennen.
- Das Stichwort ist nun die Antwort, auf die der Schüler jeweils eine Frage formulieren muss.
- Nun wird der zweite Schüler hereingeholt, dem dieselben Begriffe nacheinander vorgelegt werden.
- Am Ende kann die Klasse per Handzeichen darüber abstimmen, welcher Schüler die Fragen passender / kreativer / schneller etc. gestellt hat.

Beispiele:

Stichwort	**Mögliche Fragestellung**
Berlin	• Wie heißt die deutsche Hauptstadt? • Wo haben Bundestag und Bundesrat ihren Sitz? • Wie heißt die größte deutsche Stadt?
ver.di	• Wie heißt die nach der IG Metall zweitgrößte Gewerkschaft in Deutschland? • Zu wem schlossen sich 2001 fünf Einzelgewerkschaften, darunter die ÖTV, zusammen? • Wer ruft u. a. Briefzusteller oder Beschäftigte im öffentlichen Dienst zum Streik auf?
Bundesverfassungsgericht	• An wen kann sich der Bürger wenden, wenn er sich in seinen verfassungsmäßigen Rechten beschränkt sieht? • Wer prüft auf Antrag Gesetze auf ihre Verfassungsgemäßheit? • Welches Verfassungsorgan hat seinen Dienstsitz in Karlsruhe?

Joachim Traub: 55 Stundeneinstiege Politik © Auer Verlag

1.10 Lückentext

ca. 8 Min. | ab 1. Lj.

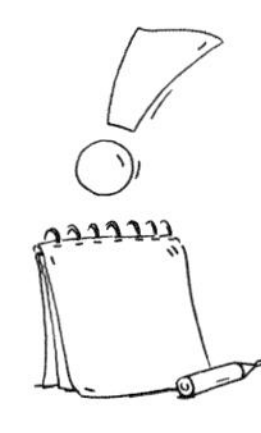

keine besonderen Voraussetzungen

Arbeitsblatt oder Folie

Durchführung:

- Der Lehrer präsentiert den Lückentext auf einer Folie oder auf einem Arbeitsblatt.
- Die Schüler füllen die Lücken, indem sie fehlende Begriffe selbstständig ergänzen.

Beispiele:

<u>Der Bundespräsident</u>

Die Bundesrepublik ist ein demokratischer und sozialer ______________.

Staatsoberhaupt ist der ______________. Seine Amtssitze sind in Berlin

und ______________. Er wird von der ______________ gewählt. Diese besteht

aus den Mitgliedern des Bundestages und einer gleich großen Anzahl von Mitgliedern,

die von den ____________________________ gewählt werden. Die Amtszeit

beträgt _____ Jahre, eine Wiederwahl ist _________ möglich. Erster Bundespräsident

war ______________. Der Bundespräsident vertritt den Bund ________________,

fertigt ______________ durch seine Unterschrift aus und ernennt und entlässt auf

Vorschlag des Bundeskanzlers die ______________________. Ist dreimal die

Kanzlerwahl oder einmal im Parlament die ______________ gescheitert, _______ der

Bundespräsident den Bundestag auflösen.

Weiterer Hinweis:

Zur Unterstützung schwächerer Schüler kann ein Wortspeicher zur Verfügung gestellt werden.

Bundesstaat Bundesversammlung Bonn Bundespräsident
fünf einmal Vertrauensfrage Volksvertretungen der Länder
Bundesminister Theodor Heuss völkerrechtlich kann Bundesgesetze

1.11 Lügentext

ca. 8 Min. | ab 1. Lj.

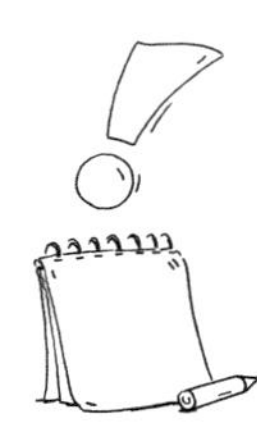

keine besonderen Voraussetzungen

Arbeitsblatt oder Folie

Durchführung:

- Der Lehrer präsentiert einen Text, in den Fehler eingebaut sind.
- Die Schüler korrigieren die Fehler.

Beispiel:

Das Grundgesetz

Das Grundgesetz, die Verfassung, der Bundesrepublik trat am 24. Mai ~~1948~~ 1949 in Kraft. Bis zur Wiedervereinigung am ~~9. November 1989~~ 3. Oktober 1990 galt sie nur in Westdeutschland, während die DDR eine eigene Verfassung hatte. Eine zentrale Rolle spielen die Grundrechte im Grundgesetz (Art. 1-~~15~~ 19 GG), bei denen die Menschenwürde und die unveräußerlichen Menschenrechte an erster Stelle (Art. 1 GG) stehen. Es folgen die ~~Verwaltungsrechte~~ Staatsorganisationsrechte, die das Verhältnis zwischen den Staatsorganen und zwischen dem Bund und den Ländern regeln. Eine Änderung des Grundgesetzes ist nur mit einer ~~einfachen Mehrheit~~ Zweidrittelmehrheit des Bundestages und Bundesrates möglich. Die sogenannte Ewigkeitsklausel ~~(Art. 33 GG)~~ (Art. 79(3) GG) verbietet eine Änderung der in Artikel 1 ~~bis~~ und 20 GG festgelegten Grundsätze.

Weitere Hinweise:

Als Hilfestellung kann angegeben werden, wie viele Fehler der Text enthält. Alternativ können fehlerhafte Schaubilder, Diagramme oder Tabellen analysiert werden.

Variante: Den Schülern wird eine Kombination aus Lügen- und Lückentext (siehe 1.10) vorgelegt.

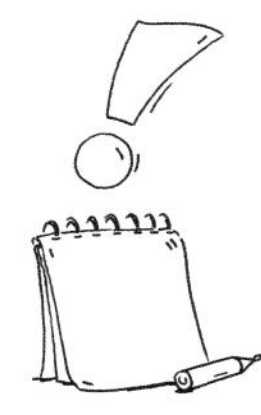

keine besonderen Voraussetzungen

Notizzettel (DIN A6), Stifte, Klebeband

Durchführung:

- Jeder Schüler notiert einen Begriff, der sich auf die Inhalte der vergangenen Stunden bezieht, auf einem Zettel.
- Jeder Schüler klebt nun mithilfe des Klebebandes seinen Zettel so auf den Rücken eines Mitschülers, dass ihn dieser nicht lesen kann.
- Die Schüler gehen nun im Klassenzimmer umher. Wenn sich zwei Schüler begegnen, versuchen sie durch gezielte Fragen herauszufinden, wer oder was sie sind. Dabei dürfen nur Fragen gestellt werden, die mit „Ja" oder „Nein" zu beantworten sind.
- Nach jeweils drei Fragen gehen die Schüler weiter und suchen einen neuen Partner.
- Errät ein Schüler, wer oder was er ist, nimmt er Platz.
- Das Spiel endet nach einer vorher vereinbarten Zeit bzw. wenn eine bestimmte Anzahl an Schülern sitzt.

Weiterer Hinweis:

Alternativ können sich die Schüler die Zettel auch an die Stirn kleben. Die Schüler sparen sich das Umdrehen bzw. den Blick auf den Rücken – und der Lehrer kann ein schönes Erinnerungsfoto für das Klassenalbum schießen.

keine besonderen Voraussetzungen

keine

Durchführung:

- Zwei Schüler treten gegeneinander an.
- Der Lehrer gibt das Thema vor.
- Die Schüler nennen abwechselnd einen Begriff, der inhaltlich mit dem Thema zu tun hat.
- Wenn ein Schüler nicht weiter weiß, kann er „Weiter" sagen. Dann kommt der andere Schüler erneut dran.
- Zögert ein Schüler länger als drei Sekunden, kommt ebenfalls der andere Schüler nochmals dran.
- Nach einer vorher festgelegten Zeit bzw. wenn kein Schüler mehr einen Begriff nennen kann, endet das Spiel. Gewonnen hat der Schüler, der die meisten Begriffe wusste. Doppelnennungen werden abgezogen. Im Zweifelsfall muss der Schüler begründen, weshalb ein Begriff zum Thema passt. Die Klasse ist hierbei die Jury.

Weiterer Hinweis:

Um die Auswertung zu erleichtern, ist es hilfreich, wenn der Lehrer ein bis zwei Schüler zu „Schiedsrichterassistenten" ernennt, die bei der Zählung der Wörter helfen und auf Doppelnennungen achten.

ggf. Computerraum reservieren

Erklär-Video (1–3 Minuten) ggf. in Ausschnitten; Möglichkeit, den Film abzuspielen

Durchführung:

- Der Lehrer zeigt den Schülern den Filmausschnitt, der ein Thema der vorangegangenen Unterrichtsstunden aufgreift – ohne Ton.
- In Gruppen formulieren die Schüler einen erläuternden Kommentar zu der Filmsequenz.
- Während der Arbeitszeit wird der Film zwei- bis dreimal wiederholt.
- Die Schüler präsentieren ihre Ergebnisse, indem sie vor der Klasse den Filmausschnitt kommentieren.
- Am Ende kann der Film noch einmal mit dem Originalkommentar gezeigt werden.

Weitere Hinweise:

Dieser Einstieg eignet sich wegen seiner Länge besonders zur Wiederholung am Ende einer Unterrichtseinheit.

In den gängigen Videoportalen finden sich zu zahlreichen Themen des Politikunterrichts Erklär-Videos. Professionelle Videos, z. B. von explainity.de, simpleshow.de oder explain-it.tv, können beispielsweise bei Youtube angesehen werden.

Eine kurze Inhaltsangabe, bei der die wichtigsten Inhalte und Schnitte mit einer Zeitangabe versehen sind, kann die Arbeit der Schüler unterstützen.

Sinnvoll ist es, den Gruppen die Möglichkeit zu geben, den Film individuell zu wiederholen und die Passgenauigkeit von Bild und Ton zu optimieren. Damit jede Gruppe über die nötige Technik verfügt, ist es meist nötig, einen Computerraum zu organisieren.

keine besonderen Voraussetzungen

eine grüne, gelbe und rote (Kartei-)Karte für jeden Schüler

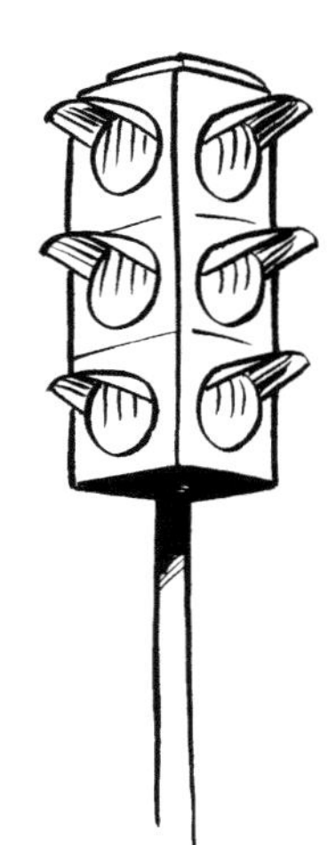

Durchführung:

- Der Lehrer formuliert verschiedene zum Thema hinführende Aussagen.
- Jeder Schüler nimmt dazu Stellung, indem er eine Karte hochhält. Grün steht für Zustimmung, Gelb für Enthaltung, Rot für Ablehnung.
- Es kann im Anschluss darüber diskutiert werden, bei welchen Punkten den Schülern die Entscheidung leicht, bei welchen sie schwerfiel.
- Am Ende der Stunde / Einheit können die Aussagen den Schülern erneut vorgelegt werden und es wird geprüft, wie sich das Stimmungsbild verändert hat. Einzelne Schüler äußern sich dazu, weshalb sie ihre Position verändert bzw. beibehalten haben.

Weitere Hinweise:

Bei komplexeren Themenstellungen kann es hilfreich sein, zunächst alle Aussagen vorzulesen bzw. auf Folie zu präsentieren und den Schülern wird Zeit gegeben, sich damit auseinanderzusetzen.

Variante: Die Schüler stellen sich auf einer gedachten Linie im Klassenzimmer auf. Die jeweiligen Endpunkte bedeuten „Völlige Zustimmung“ bzw. „Völlige Ablehnung“, dazwischen lassen sich entsprechend abgestufte Haltungen zum Ausdruck bringen.

2.2 Vier-Ecken-Methode

keine besonderen Voraussetzungen

Aussagen auf DIN-A4-Blättern, Klebeband

Durchführung:

- Der Lehrer befestigt die vier Blätter mit den Aussagen zum Thema in den vier Ecken des Klassenzimmers.
- Die Schüler gehen herum und lesen die Aussagen. Sie bleiben dann bei der Aussage stehen, der sie am ehesten zustimmen. Schüler, die keiner Aussage zustimmen können, positionieren sich in der Mitte des Klassenzimmers.
- Die Schüler begründen jeweils ihre Entscheidung.
- Nachdem das Thema behandelt wurde, kann noch einmal gefragt werden, wer wieder in seine ursprüngliche Ecke gehen würde bzw. wer eine andere wählen würde. Eindrücklicher wird dies, wenn sich die Schüler erneut in den Ecken des Klassenzimmers bzw. in dessen Mitte positionieren.

Weitere Hinweise:

Die Methode eignet sich, um Meinungen, Bewertungen oder Vorstellungen der Schüler abzufragen.

Es lassen sich aber auch Interessen oder Vorkenntnisse abfragen, z. B.:

Stellt Euch zu dem Begriff / Thema, von dem ihr glaubt, schon gut Bescheid zu wissen.

Stellt Euch zu dem Begriff / Thema, von dem ihr mehr erfahren möchtet.

Joachim Traub: 55 Stundeneinstiege Politik © Auer Verlag

2.3 Partnerinterview

ca. 8 Min. ab 1. Lj.

keine besonderen Voraussetzungen

Tafel

Durchführung:

- Der Lehrer notiert das Thema bzw. die Fragestellung an die Tafel.
- Jeder Schüler sucht sich einen Interviewpartner und befragt ihn zum Thema.
- Nach ein bis zwei Minuten tauschen die Partner ihre Rollen. Der Interviewer wird dann zum Befragten. Ist noch Zeit, können sich neue Interviewpaare finden.
- Anschließend stellen ausgewählte Schüler die Ergebnisse ihrer Interviews vor.

Beispiel:

Was interessiert dich besonders an dem Thema?

Bist du zufrieden mit den Möglichkeiten, die wir als Jugendliche haben?

Welche Möglichkeiten der politischen Teilhabe kennst du?

Findest du die Forderung nach einem Wahlrecht ab 16 Jahren sinnvoll?

Mögliche Fragen zum Thema „Politische Teilhabe“

Weiterer Hinweis:

Hier lassen sich Elemente der bewegten Schule einbringen, in dem die Schüler sich einen Partner aus einer anderen Sitzreihe aussuchen und während des Interviews durch das Klassenzimmer schlendern.

Joachim Traub: 55 Stundeneinstiege Politik © Auer Verlag

ausreichend Platz; Möglichkeit, Tische und Stühle an den Rand zu schieben

Musik

Durchführung:

- Das Mobiliar wird beiseite gerückt, sodass in der Mitte des Klassenzimmers ausreichend Platz zum Herumgehen entsteht.
- Während die Musik spielt, schlendern die Schüler durch das Klassenzimmer.
- Sobald die Musik leiser wird, bilden die Schüler, die sich am nächsten stehen, ein Paar.
- Der Lehrer nennt das Thema / die Fragestellung.
- Der jeweils jüngere Schüler präsentiert nun dem Mitschüler seine Sicht / seine Lösung.
- Nach einer Minute wird gewechselt. Nun ist der andere Schüler an der Reihe. Das Gehörte wird jeweils nicht kommentiert.
- Die Musik wird wieder lauter gestellt und die Schüler schlendern erneut durch den Raum.
- Die Übung wird noch zwei- bis dreimal wiederholt.
- Nach dem letzten Durchgang notiert jeder Schüler kurz eine Zusammenfassung der gehörten Aspekte.
- Ausgewählte Schülerbeiträge werden vorgelesen bzw. die Zettel im Klassenzimmer aufgehängt und in einem kurzen Gallery Walk von allen gelesen.

Weiterer Hinweis:

Die Methode, deren Schwerpunkt in der Schulung der sprachlichen und sozialen Kompetenzen liegt, ist dann ergiebig, wenn die Schüler über Vorkenntnisse zum Thema verfügen.

Joachim Traub: 55 Stundeneinstiege Politik © Auer Verlag

keine besonderen Voraussetzungen

Plakate oder DIN-A3-Blätter, Klebeband, Stifte

Durchführung:

- Verschiedene Plakate mit jeweils einem angefangenen Satz nach dem Muster „An Thema XY interessiert mich … / von Thema XY weiß ich schon …" werden im Klassenzimmer mit genügend Abstand zueinander aufgehängt.
- Die Schüler gehen durch das Klassenzimmer und schreiben zu jedem Satz ihre persönliche Fortsetzung.
- Wenn jeder Schüler an jedem Plakat seine Eintragung vorgenommen hat, bekommen alle noch ein bis zwei Minuten Zeit, um die Beiträge der anderen zu lesen.
- Die Plakate bleiben bis zum Ende der Stunde / Einheit hängen.

Weitere Hinweise:

Ist die Gruppe zu groß, empfiehlt es sich, die Klasse zu teilen und jeden Satzanfang zweimal aufzuhängen.

Variante: Die Schüler sitzen in Kleingruppen von drei bis fünf Personen an Gruppentischen. Auf jedem Platz liegt ein Plakat mit einem angefangenen Satz. Die Gruppe überlegt gemeinsam eine Fortsetzung des Satzes. Nach einer weiteren Minute gibt jede Gruppe ihr Plakat nach rechts weiter. Nach jeweils einer Minute wird erneut gewechselt usw., bis alle Plakate einmal durchgelaufen sind.

Joachim Traub: 55 Stundeneinstiege Politik © Auer Verlag

2.6 Schnipsel-Hitparade

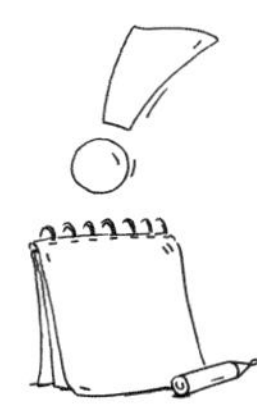

keine besonderen Voraussetzungen

Folienschnipsel, Folienstifte, Projektor

Durchführung:

- Die Klasse wird in Gruppen zu jeweils drei bis sechs Schülern eingeteilt. Jede Gruppe erhält fünf Folienschnipsel.
- Der Lehrer nennt das Thema. Die Schüler notieren daraufhin die fünf Aspekte, die für sie im Zusammenhang mit dem Thema am interessantesten, wichtigsten usw. sind.
- Gruppe 1 kommt nun nach vorne und präsentiert ihre Punkte. Die Gruppenmitglieder sollen ihre Punkte priorisieren (wichtigster Aspekt zuerst usw.) und ihre Auswahl begründen.
- Anschließend kommt Gruppe 2 nach vorne. Sie überarbeitet die Liste der Vorgängergruppe, d. h. sie kann Schnipsel austauschen und/oder deren Reihenfolge ändern.
- Wenn alle Gruppen an der Reihe waren, bildet die Endversion der von allen Schülern bearbeiteten Liste die Grundlage der Stunde. Auf sie wird am Ende der Stunde/Einheit noch einmal zurückgegriffen und gemeinsam geprüft, ob alle von den Schülern genannten Aspekte behandelt wurden.

Beispiel:

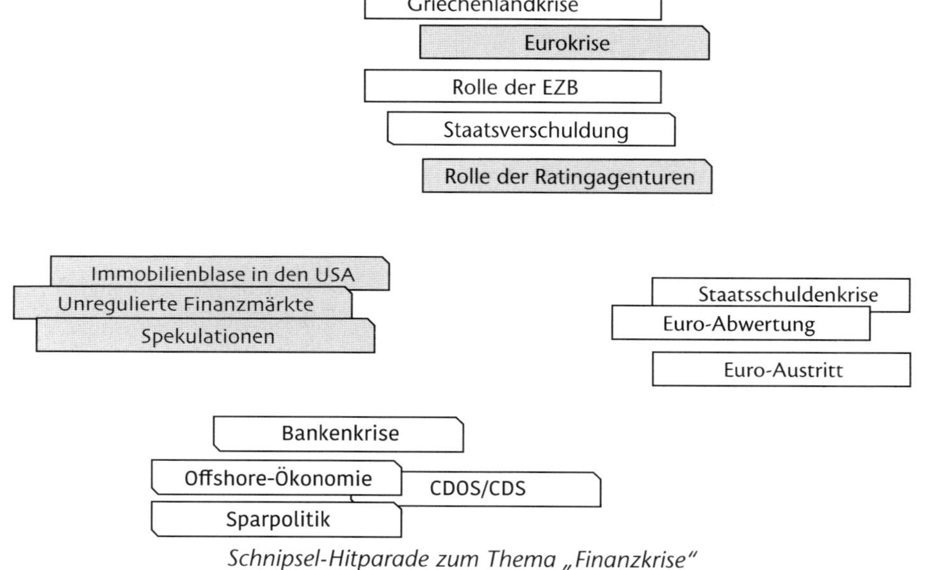

Schnipsel-Hitparade zum Thema „Finanzkrise"

keine besonderen Voraussetzungen

leere Placematvorlagen

Durchführung:

- Die Schüler treffen sich in Vierergruppen an Gruppentischen.
- Der Lehrer formuliert die Einstiegsfrage bzw. das Stundenthema.
- Jedem Schüler gehört eines der Außenfelder der Placemat. Darin ergänzt er seine Gedanken und Antworten auf die Einstiegsfrage bzw. das Stundenthema. Es können auch Fragen formuliert werden.
- Nach etwa zwei Minuten tauschen die Schüler ihre individuellen Ergebnisse aus. Dazu drehen sie das Blatt um 90°, sodass jeder die Notizen des Nebenmanns lesen kann. Jeder kann dabei Anmerkungen, Ergänzungen oder Fragen hinzufügen. Das Blatt wird so oft gedreht, bis jeder wieder vor seinem ursprünglichen Feld sitzt.
- Die Schüler einigen sich nun auf zwei bis drei zentrale Aspekte und Aussagen, die in der Mitte der Placemat festgehalten werden.
- Die Ergebnisse werden im Plenum vorgestellt – entweder durch eine kurze Präsentation der einzelnen Gruppen oder einen Gallery Walk.

Beispiel:

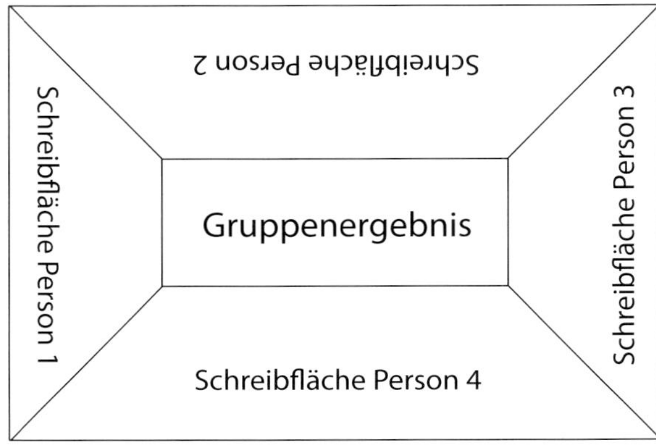

Placemat für eine Vierergruppe

keine besonderen Voraussetzungen

keine

Durchführung:

- Der Lehrer nennt das Thema.
- Die Schüler notieren sich in Einzelarbeit die fünf Aspekte, die ihnen am Thema am wichtigsten erscheinen.
- Die Schüler arbeiten danach mit ihrem Sitznachbarn zusammen. Die beiden sollen sich auf Grundlage ihrer Notizen auf vier Aspekte einigen.
- Jedes Paar bildet anschließend mit einem anderen Paar eine Vierergruppe. Das geht am schnellsten, wenn sich die Schüler jeder zweiten Reihe umdrehen und mit den hinter ihnen sitzenden Schülern zusammenarbeiten.
- In der Vierergruppe einigen sich die Schüler auf drei gemeinsame Punkte.
- Die Gruppen stellen ihre Ergebnisse kurz vor.

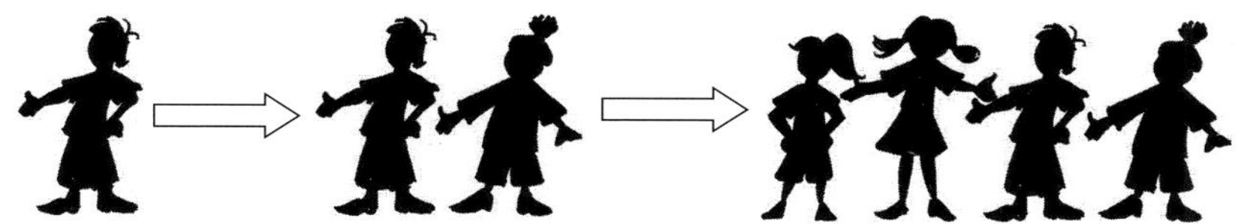

Weiterer Hinweis:

Bei dieser Methode wird auf das Vorwissen der Schüler zurückgegriffen. Da in den unterschiedlichen Gruppenkonstellationen diskutiert wird und die Schüler sich mit unterschiedlichen Sichtweisen auseinandersetzen, werden auch die sozialen und personalen Kompetenzen geschult.

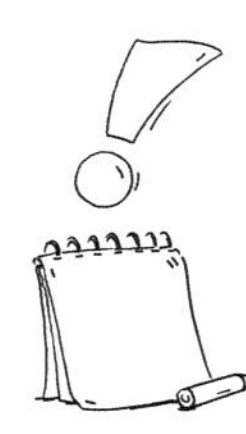

ausreichend Platz vor der Tafel

Tafel, vorbereitete Fragen mit drei Antwortmöglichkeiten

Durchführung:

- Der Lehrer schreibt die Zahlen 1, 2 und 3 mit ausreichend Abstand an die Tafel. Vor der Tafel sollte genügend Platz sein.
- Der Lehrer stellt die erste vorbereitete Frage und gibt die drei Antwortmöglichkeiten vor.
- Die Schüler positionieren sich nun bei der Zahl, von der sie glauben, es handle sich um die richtige Antwort.
- Der Lehrer gibt die Lösung bekannt. Die Schüler, die falsch getippt haben, gehen zu ihren Plätzen zurück.
- Das Spiel wird so lange fortgesetzt, bis entweder ein Schüler als einziger übrig bleibt oder alle Fragen gestellt wurden.

1 2 3

Beispiel:

Frage	Antwortmöglichkeiten
a) Wer ist die Legislative einer Gemeinde?	① Bürgermeister ② **Gemeinderat** ③ Gemeindeverwaltung
b) Welche Steuern werden von der Gemeinde erhoben?	① **Gewerbesteuer** ② Einkommenssteuer ③ Erbschaftssteuer
c) Was zählt zu den freiwilligen Aufgaben einer Gemeinde?	① **Öffentlicher Nahverkehr** ② Wasser und Abwasser ③ Straßenverkehrsaufsicht
d) In den meisten Bundesländern ist bei Kommunalwahlen das Kumulieren erlaubt. Es bedeutet, …	① … dass jeder Wähler zwei Stimmen hat. ② … dass auch EU-Ausländer wählen dürfen. ③ **… dass ein Kandidat mehrere Stimmen erhalten kann.**
e) Der Bürgermeister welcher Stadt ist mit dem Ministerpräsidenten eines Bundeslandes vergleichbar?	① Braunschweig ② **Bremen** ③ Brandenburg

Fragen zum Thema „Kommunalpolitik"

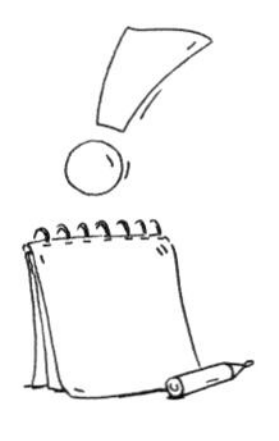

keine besonderen Voraussetzungen

Tafel

Durchführung:

- Der Lehrer schreibt den zentralen Begriff an die Tafel.
- Die Schüler sollen die Buchstaben des Alphabets als Anfangsbuchstaben für Wörter verwenden, die sie mit dem Begriff in Verbindung bringen.
- Die Ergebnisse werden an der Tafel notiert.

Beispiel:

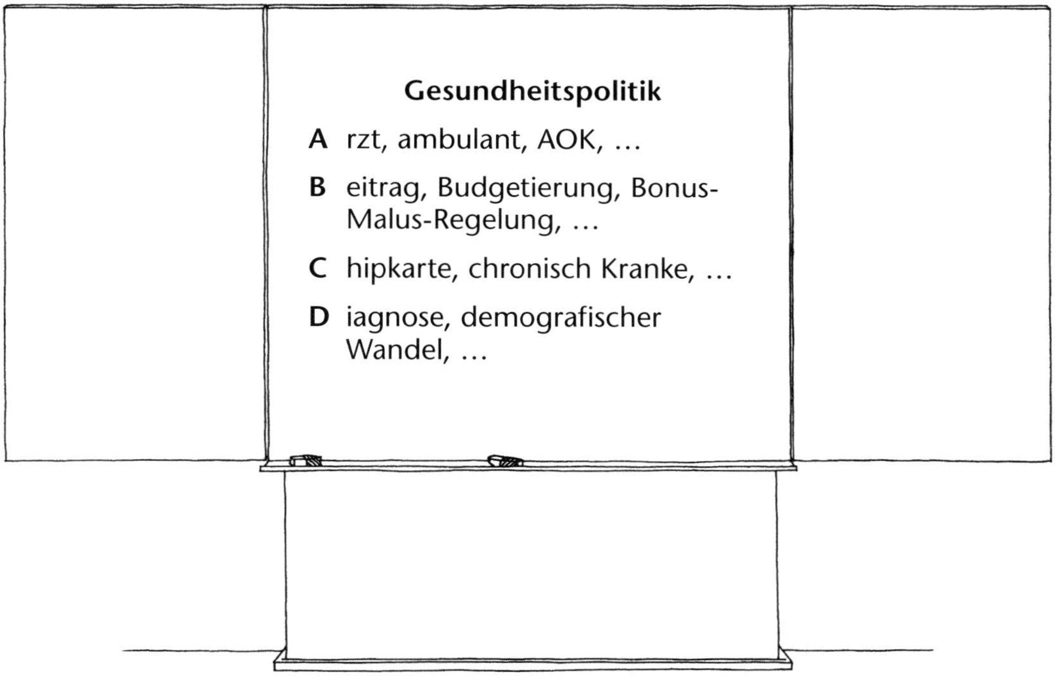

Gesundheitspolitik

A rzt, ambulant, AOK, …

B eitrag, Budgetierung, Bonus-Malus-Regelung, …

C hipkarte, chronisch Kranke, …

D iagnose, demografischer Wandel, …

ABC-Methode zum Thema „Gesundheitspolitik" (Auszug)

Weiterer Hinweis:

Es kann sinnvoll sein abzufragen, zu welchen Begriffen / Inhalten die Schüler mehr wissen wollen. So kann sich der Lehrer bei der Unterrichtsplanung an den Interessen der Schüler orientieren.

3.3 Namens-Scrabble®

keine besonderen Voraussetzungen

Karteikarten (leer, DIN A6), mit dem Thema beschriftete Karteikarten (jeweils einen Satz für jede Gruppe)

Durchführung:

- Die Klasse wird in Gruppen zu vier bis fünf Schülern eingeteilt.
- Die Schüler schreiben die Buchstaben ihres Vor- und Nachnamens auf die Karteikarten – jeweils einen Buchstaben pro Karte.
- In der Mitte liegen die mit dem Thema beschrifteten Karteikarten.
- Die Schüler versuchen nun in der Gruppe, mit den Buchstaben so viele zum Thema passende Begriffe zu legen wie möglich. Die Wörter dürfen nur senkrecht oder waagrecht gelegt werden.
- Nach einer festgelegten Zeit oder wenn eine Gruppe alle Buchstaben gelegt hat, endet das Spiel. Die Schüler bekommen nun die Möglichkeit, die Ideen und Assoziationen der anderen Gruppen zu betrachten.

Beispiel:

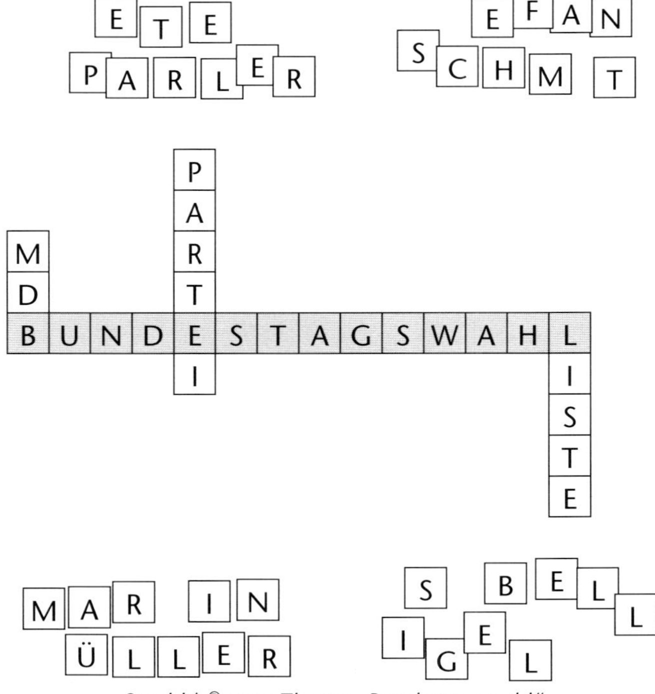

Scrabble® zum Thema „Bundestagswahl"

Möglichkeit, Tische und Stühle an den Rand zu schieben

DIN-A4-Blätter mit Begriffen, die den Anfangs- und Endpunkt darstellen sollen; DIN-A4-Blätter mit Begriffen, die eingeordnet werden sollen

Durchführung:

- Die Stühle und Tische werden so beiseite geräumt, dass ein breiter Gang im Klassenzimmer entsteht. Am Ende wird jeweils das Blatt mit dem Anfangs- und Endpunkt aufgehängt.
- Blätter mit den Begriffen, die zugeordnet werden sollen, werden an Schüler verteilt.
- Die Schüler stellen sich an der Position auf, von der sie glauben, dass ihr Begriff den richtigen Abstand zum Anfangs- und Endpunkt hat.
- Haben alle Schüler ihre Position eingenommen, wird im Plenum diskutiert, welche Schüler richtig stehen und welche nicht.

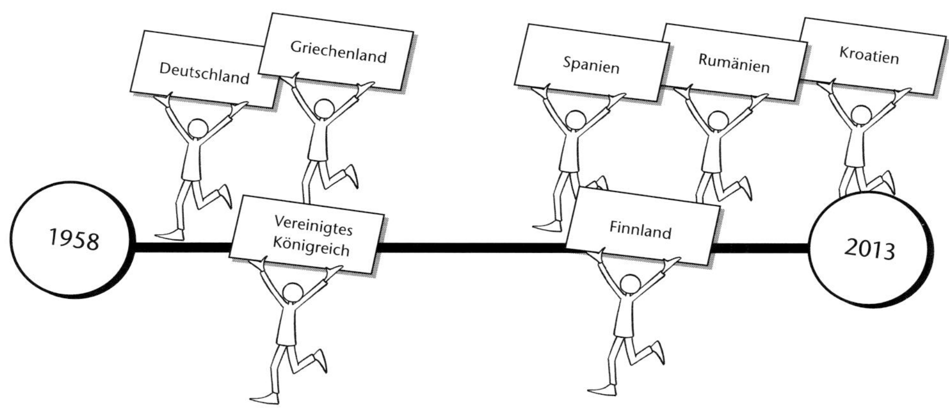

EU-Mitglieder nach Beitrittsjahr (1958 ↔ 2013)

Beispiele:

- Stimmen im Bundesrat nach Bundesländern
- Parteien nach Gründungsjahr
- G7-Staaten nach Wirtschaftskraft

Weitere Hinweise:

Die Methode eignet sich für Fragestellungen, bei denen die Schüler über Vorkenntnisse verfügen.

Alternativ kann der Wissensstrahl zur Wiederholung am Ende einer Einheit eingesetzt werden.

3.5 Liedtextanalyse

ca. 5 Min. | ab 2. Lj.

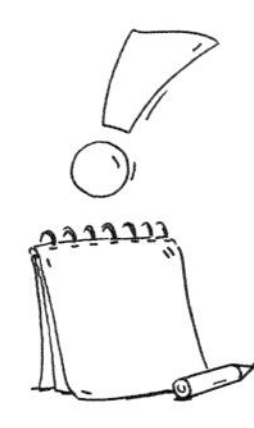

keine besonderen Voraussetzungen

Liedtext auf Folie, Projektor, ggf. Lied auf CD / als MP3

Durchführung:

- Der Lehrer legt den ausgewählten Liedtext auf und spielt das Stück ggf. vor.
- Die Schüler versuchen, die Kernaussage des Liedes herauszuarbeiten.
- Der Lehrer nennt das Thema bzw. die Fragestellung und die Schüler tauschen sich darüber aus, welchen der im Lied genannten Aspekten sie zustimmen können und welchen nicht.

Beispiele:

Thema	Lied
Politisches System der BRD, politische Teilhabe	• Rio Reiser: *König von Deutschland* • Die Toten Hosen: *Kanzler sein* • Hans Söllner: *Hey Staat*
Soziologie, Gender, Gleichberechtigung	• Ina Deter: *Neue Männer braucht das Land* • Herbert Grönemeyer: *Männer* • Juliane Werding: *Wenn du denkst, du denkst*
Wirtschaft, Konsum, Verbraucherverhalten	• EAV: *Geld oder Leben* • Geier Sturzflug: *Bruttosozialprodukt* • Die Prinzen: *Ich wär so gerne Millionär*
Soziologie, Rollenverhalten	• Die Ärzte: *Junge* • Reinhard Mey: *Bevor ich mit den Wölfen heule*
Europa	• Geier Sturzflug: *Besuchen Sie Europa* • Brockdorff Klang Labor: *Festung Europa* • Georg Kreisler: *Der Euro*

Weitere Hinweise:

Verfügen die Schüler über ausreichende Sprachkenntnisse, können auch fremdsprachige Lieder verwendet werden, z. B. *Dear Mr. President* von Pink oder *Paradisiaque* von MC Solaar.

Variante: Der Lehrer nennt das Thema der Folgestunde und die Schüler suchen als Hausaufgabe ein dazu passendes Lied.

3.6 Zitate zuordnen

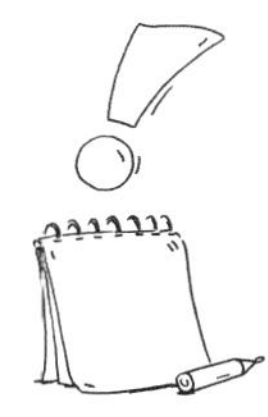

keine besonderen Voraussetzungen

zum Thema passende Zitate auf Folie, Projektor

Durchführung:

- Der Lehrer nennt das Thema und legt eine Folie mit ausgewählten Zitaten auf.
- Die Schüler sollen sich nun jeweils überlegen, welches Zitat am besten und welches am wenigsten ihre Meinung zum Thema widerspiegelt.
- Anschließend werden die einzelnen Zitate kurz besprochen: Jeweils ein oder zwei Schüler, die sich für bzw. gegen das Zitat entschieden haben, begründen ihre Meinung.

Beispiel:

Fremd ist der Fremde nur in der Fremde.
(Karl Valentin, 1882–1948, dt. Komiker)

Deutschland den Deutschen. Probieren wir's doch mal. Wenn alle bei uns lebenden Ausländer einfach streiken, würden wir dann endlich kapieren, was wir ohne sie wären?
*(Doris Dörrie, *1955, dt. Regisseurin und Produzentin)*

Wir riefen Arbeitskräfte und es kamen Menschen.
(Friedrich Dürrenmatt, 1921–1990, Schweizer Autor)

Du kennst mich, ich habe nichts gegen Fremde. Einige meiner besten Freunde sind Fremde. Aber diese Fremden da sind nicht von hier.
(Methusalix, Dorfältester im Dorf von Asterix und Obelix)

Ein jugendlicher Ausländer wird ja nicht dadurch ein anständiger Mensch, dass er einen deutschen Pass bekommt.
*(Georg Brunnhuber, *1948, CDU-Politiker)*

Zitate zum Thema „Integration"

Weiterer Hinweis:

Variante: Die Zitate können zunächst von den Schülern ihrem Urheber zugeordnet werden. Hierzu werden die Zitate auf der einen Folienhälfte präsentiert, die Urheber der Zitate auf der anderen. Die Schüler begründen ihre Zuordnung.

keine besonderen Voraussetzungen

vorbereitete Bingo®-Karten

Durchführung:

- Jeder Schüler erhält eine Bingo®-Karte.
- Die Schüler schlendern durch das Klassenzimmer und dürfen jedem Mitschüler, dem sie begegnen, jeweils eine Frage stellen. Kann die Frage beantwortet bzw. der Aussage zugestimmt werden, unterschreibt der befragte Schüler im entsprechenden Feld auf der Karte.
- Hat ein Schüler eine Viererreihe (horizontal, vertikal, diagonal) mit Unterschriften komplettiert, ruft er „Bingo" und geht an seinen Platz.
- Im Anschluss kann im Plenum diskutiert werden, bei welchen Feldern es einfach war, einen Schüler zu finden und bei welchen sich die Suche schwieriger gestaltet hat.

Beispiel:

Finde jemanden, der zwei oder mehr Geschwister hat.	Wer kann den Begriff „*Rentenlücke*" erklären?	*„Die Ehe als Verbindung zwischen Mann und Frau sollte vom Staat besonders geschützt sein."*	Wer kann den Begriff „*demografischer Wandel*" erklären?
Finde jemanden, der mit den Großeltern in einem Haus lebt.	Finde jemanden, der in seiner Freizeit in zwei oder mehr Vereinen aktiv ist.	Finde jemanden, der weniger als zwei Stunden im Durchschnitt am Computer sitzt.	Finde jemanden, der sein Zimmer mit seinen Geschwistern teilt.
Finde jemanden, der mehr als vier Stunden pro Woche in einem Verein aktiv ist.	Finde jemanden, der ein Einzelkind ist.	Wer kann den Begriff „*Generationenvertrag*" erklären?	Finde jemanden, dessen Opa und / oder Oma im Altersheim lebt.
Finde jemanden, der keinem Verein angehört.	Wer kann den Begriff „Patchworkfamilie" erklären?	*„Gleichgeschlechtliche Partnerschaften sollten der Ehe gleichgestellt werden."*	Finde jemanden, der niemanden kennt, der geschieden ist.

Soziologie-Bingo®

Kenntnisse in der Auswertung von Diagrammen

Diagramm / Schaubild auf Folie

Durchführung:

- Der Lehrer legt das Diagramm / Schaubild auf.
- Die Schüler formulieren zunächst alleine zwei bis fünf Fragen, die sie im Zusammenhang mit dem Diagramm interessieren. Diese Fragen können sowohl inhaltlicher (z. B. Ursachen, Folgen der dargestellten Inhalte) als auch methodischer Art sein.
- Anschließend versuchen die Schüler, Mitschüler zu finden, die ihnen die Fragen beantworten können.
- Nach drei bis vier Minuten werden im Plenum die noch unbeantworteten Fragen gesammelt und diejenigen ausgesucht, die im Verlauf der Stunde beantwortet werden sollen. Sinnvoll ist es, wenn Schüler auf Grundlage der Fragen Hypothesen formulieren, die dann untersucht werden.

Beispiel:

Diagramm zum Thema „Wechselkurse"

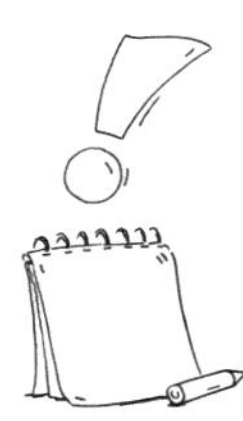

keine besonderen Voraussetzungen

mindestens vier Bilder, die das Thema von unterschiedlichen Seiten beleuchten

Durchführung:

- Der Lehrer zeigt die Bilder.
- Die Schüler beschreiben diese zunächst und versuchen danach, Gemeinsamkeiten zu benennen und eine für alle Bilder passende Überschrift zu finden.

Beispiel:

BZ vom 13.12.2010

SOZIALTICKET

„Armut ist Verletzung eines Menschenrechts“

Zum Bericht „Skepsis beim Sozialticket“ (BZ vom 23. November).

Es ist schon sehr bedauerlich, mit welch fragwürdigen Begründungen dem Vorschlag, auch in Freiburg ein Sozialticket einzuführen, im Gemeinderat begegnet wird. Es ist klar, dass zur Sicherung der sozialen Teilhabe die (nahräumliche) Mobilität von ganz herausragender Bedeutung ist. Nun hat das Infas-Gutachten ergeben, dass schon heute 60 bis 70 Prozent der Empfänger von staatlicher Unterstützung die Regio-Karte zum Normalpreis nutzen. Diese Zahl wird als Grund für die Ablehnung der Subvention vorgetragen, da kaum noch eine Ausweitung der Kundenzahl zu erwarten sei. Man kann, man muss diese Zahl aber anders verstehen: nämlich dass vielen Betroffenen die Mobilität so wichtig ist, dass sie den für sie kaum tragbaren Preis in Kauf nehmen – und folglich sich bei anderen Ausgaben einschränken müssen. Insofern ist sie viel mehr ein Hinweis auf die Wichtigkeit eines Sozialtickets.

Wenn die benachbarten Landkreise nicht mitziehen: warum dann nicht ein eigenes Angebot für die Stadt? Warum soll das nicht zu machen sein? „Der Einheitstarif ist ein hohes Gut“, wird die Freiburger Verkehrs-AG zitiert. Mit Verlaub: Ist die Realisierbarkeit eines Stücks soziale Teilhabe nicht ein höheres Gut als die administrative Regelung? Im Übrigen lebt ein besonders hoher Teil von armen Menschen in der Stadt, nicht in den Landkreisen. Mögen die politisch Verantwortlichen der Landkreise vor ihre Wähler treten und ihre Verweigerungspolitik begründen. Der Stadt Freiburg stünde es gut an, der großen Zahl von Beziehern niedriger Einkommen preislich entgegen zu kommen. Armut ist schließlich die Verletzung eines grundlegenden Menschenrechts. *Prof. Rüdiger Spiegelberg, Freiburg*

Bilderlandschaft zum Thema „Politische Partizipation“

Partizipationsmöglichkeiten (im Uhrzeigersinn): Teilnahme an Demonstrationen – Teilnahme an Wahlen – Mitgliedschaft / Engagement in einer politischen Partei – Verfassen eines Leserbriefes

Weiterer Hinweis:

Variante: Bei leistungsstärkeren Klassen kann ein Bild dazu genommen werden, das nicht zu den anderen passt. Die Schüler müssen dieses identifizieren und begründen, weshalb es ihrer Meinung nach nicht zu den anderen passt.

3.10 Headline

ca. 5 Min. | ab 2. Lj.

keine besonderen Voraussetzungen

zum Thema passendes Bild, Diagramm etc. auf Folie, Projektor

Durchführung:

- Der Lehrer legt die Folie auf.
- Die Schüler formulieren in Einzelarbeit zum auf der Folie dargestellten Thema passende Schlagzeilen bzw. Zeitungsüberschriften.
- Ausgewählte Schülerbeiträge werden vorgestellt und an der Seitentafel notiert. Die Schüler begründen jeweils, weshalb sie sich für diese Schlagzeile entschieden haben.
- Am Stundenende wird diskutiert, welche Schlagzeile die passendste war.

Skandal – Nordflügel des Bahnhofes trotz Bürgerprotesten abgerissen

Zahl der Stuttgart 21 Demonstranten nimmt ab

Endlich: Nach langen Verzögerungen kommt wieder Bewegung in die Stuttgart 21 Baustelle

Vollendete Tatsachen: Der Nordflügel wird abgerissen

Weiterer Hinweis:

Variante: Die Schüler erhalten differenzierte Aufgabenstellung, z. B. „Formuliere eine skandalisierende / neutrale / mitfühlende Überschrift“, „Formuliere eine Überschrift eines wohlwollenden Artikels“, „Formuliere eine Überschrift eines kritischen Artikels“ etc.

Joachim Haub: 55 Stundeneinstiege Politik © Auer Verlag

keine besonderen Voraussetzungen

Folie mit Zeitungsschlagzeilen, Projektor

Durchführung:

- Der Lehrer präsentiert eine Folie mit verschiedenen Zeitungsschlagzeilen.
- Jeder Schüler wählt eine Überschrift aus und verfasst eine kurze, dazu passende Zeitungsmeldung.
- Ausgewählte Schülerantworten werden vorgetragen.
- Am Stundenende wird überprüft, welche Schülerlösung das Thema am treffendsten geschildert hat.
- Mithilfe der Ergebnisse der Stunde werden die Zeitungsmeldungen überarbeitet.

Beispiel:

GRIECHENLAND
Schuld und Chance

Athens Zentralbank: Es droht Schlimmes

Angst vor Finanzchaos in Griechenland

Griechisches Roulette

Notfallplan für Griechenland steht

Griechen vor dem Euro-Aus

Presseschau zum Thema „Griechenlandkrise"

Weiterer Hinweis:

Alternative: Die Schüler sammeln über einen Zeitraum von zwei bis drei Wochen alle Zeitungsschlagzeilen zu einem bestimmten Thema und gestalten eine „Pressewand" im Klassenzimmer, die dann zum Einstieg verwendet wird.

ggf. Recherchemöglichkeit im Internet bieten

Folie mit tendenziöser / subjektiver Aussage, Materialien

Durchführung:

- Der Lehrer präsentiert eine Aussage.
- Die Schüler nehmen dazu Stellung, indem sie formulieren ob bzw. inwieweit die Aussage zutreffend sein kann. Dabei begründen sie ihre Meinung.
- Mithilfe der bereitgestellten Materialien bzw. einer Internetrecherche führen die Schüler einen Realitätscheck durch und prüfen den Wahrheitsgehalt der Aussage.

Beispiel:

Plakat zum Thema „Mindestlohn"

Weiterer Hinweis:

Der Einstieg kann durch eine entsprechende Aussage so emotional gestaltet werden, dass sich bei den Schülern sofort offener Widerstand regt (z. B.: „Einwanderung schadet dem Wirtschaftsstandort Deutschland").

Joachim Traub: 55 Stundeneinstiege Politik © Auer Verlag

3.13 Falschmeldung

ca. 5 Min. ab 2. Lj.

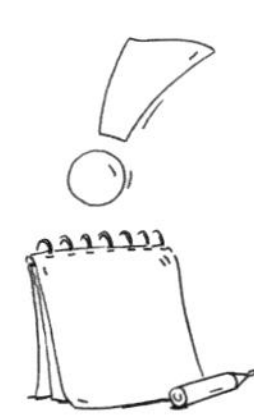

keine besonderen Voraussetzungen

gefälschte Meldung (Zeitung, Homepage etc.)

Durchführung:

- Der Lehrer kommt in die Klasse und präsentiert die gefälschte Meldung.
- Die Schüler äußern hierzu ihre Meinung. Die Schüleräußerungen werden nicht kommentiert. Der Lehrer lässt die Klasse so lange wie möglich über den Wahrheitsgehalt der Meldung im Unklaren.
- Schließlich klärt der Lehrer die Klasse auf.
- Nun kommentieren die Schüler die Falschmeldung („Wie glaubhaft war die Meldung für euch?", „Wer hat gezweifelt? Warum?", „Was wäre, wenn die Meldung tatsächlich Realität wäre?").

Beispiel:

DIE TAGESZEITUNG

WIRTSCHAFT
Inflation jetzt bei 0%

FUSSBALL BUNDESLIGA
3:0! FCB wieder Meister.

WETTERVORHERSAGE
Es bleibt sonnig!

Deutschland tritt aus der EU aus

Falschmeldung „EU-Austritt Deutschlands"

Weiterer Hinweis:

Der Einstieg ist natürlich umso wirkungsvoller, je größer das theatralische Geschick des Lehrers ist. So kann es effektvoll sein, ein paar Minuten zu spät zu kommen und dann ganz außer Atem die Schüler über die „Neuigkeit" zu informieren („Stellt Euch vor, was ich gerade im Netz für eine Nachricht gefunden habe. Ich kann's kaum glauben. Ich muss mich erstmal setzen …").

Joachim Traub: 55 Stundeneinstiege Politik © Auer Verlag

3.14 Fortsetzung folgt …

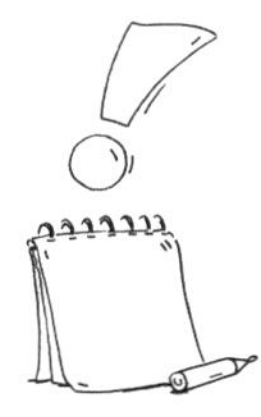

keine besonderen Voraussetzungen

Text

Durchführung:

- Der Lehrer liest einen thematisch passenden Text vor.
- An einer spannenden Stelle bricht er ab.
- Die Schüler schreiben alleine oder in Partnerarbeit eine mögliche Fortsetzung.
- Ausgewählte Schülerlösungen werden vorgelesen. Die Schüler begründen, weshalb der Text aus ihrer Sicht so weitergeht.
- Am Stundenende liest der Lehrer das tatsächliche Ende vor. Die Schüler vergleichen dieses mit ihrer Lösung.

Weitere Hinweise:

Besonders gewinnbringend ist es, wenn die Unterbrechung des Textes an einer Entscheidungssituation erfolgt und sich die Schüler zwischen unterschiedlichen Möglichkeiten und Szenarien entscheiden müssen.

Alternativ kann den Schülern auch ein Filmausschnitt gezeigt werden, der an einer bestimmten Stelle unterbrochen wird. Die Schüler notieren entsprechend eine mögliche Fortsetzung.

Joachim Haas: 55 Stundeneinstiege Politik © Auer Verlag

3.15 Walt-Disney®-Methode

ca. 10 Min. | ab 2. Lj.

keine besonderen Voraussetzungen

keine

Durchführung:

- Die Schüler bilden Dreiergruppen.
- Der Lehrer nennt das Thema bzw. die Fragestellung.
- In jeder Dreiergruppe verkörpert ein Schüler den „Realisten", einer den „Kritiker" und einer den „Visionär". Sie versuchen nun zunächst in Einzelarbeit, das Thema bzw. die Fragestellung passend zur Rollenvorgabe zu betrachten und dazu Stellung zu beziehen. Nach etwa zwei Minuten tauschen sich die Schüler innerhalb der Gruppe aus. Dabei gehen sie folgendermaßen vor: Zunächst schildert der Visionär dem Realisten seine Überlegungen, der Realist gleicht dessen Ideen mit seinen eigenen ab und gibt diese an den Kritiker weiter. Abschließend kommunizieren alle drei miteinander und formulieren ein gemeinsames Fazit.
- Ausgewählte Gruppenergebnisse werden im Plenum vorgestellt und ggf. diskutiert.

Beispiel:

Realist

Regenerative Energieerzeugung wird in Zukunft weiter wachsen. Günstige Ölpreise, neue Rohstofffunde und nicht zuletzt eine starke Lobby konventioneller Energieerzeugung sorgen aber dafür, dass beide Energieformen in den nächsten Jahren nebeneinander existieren.

Visionär

Die erneuerbaren Energien nehmen einen immer größeren Anteil am Energiemix ein. Da die Menschen vernünftig sind und der Staat Nachhaltigkeit weiter fördert, kann in wenigen Jahren ganz auf fossile Energieträger verzichtet werden.

Kritiker

Die erneuerbaren Energiequellen kommen an ihre Grenzen. Eine durch Bevölkerungswachstum und Fortschritt bedingte höhere Energienachfrage weltweit kann auf Kohle, Öl und nicht zuletzt Atomenergie in absehbarer Zeit nicht verzichten.

„Ist ein Umstieg auf regenerative Energiequellen in naher Zukunft möglich?"

Weiterer Hinweis:

Variante: Die Klasse wird in drei Gruppen eingeteilt. Eine Gruppe bildet die „Realisten", eine Gruppe die „Kritiker" und eine Gruppe die „Visionäre". Die Argumente der Gruppe werden im Plenum vorgetragen und dann dort diskutiert.

3.16 Kopfstandmethode

ca. 5 Min. ab 2. Lj.

keine besonderen Voraussetzungen

keine

Durchführung:

- Der Lehrer nennt die Fragestellung.
- Die Schüler sollen nun in Einzel- oder Partnerarbeit versuchen, die Problemstellung zu lösen – allerdings sollen sie diese zunächst auf den Kopf stellen, also ins Gegenteil umformulieren.
- Ausgewählte Schülerlösungen werden an der Tafel gesammelt und bleiben während der Stunde stehen.

Beispiele:

1. Wie lässt sich die Schere zwischen Arm und Reich wieder weiter schließen? → *Wie kann man dafür sorgen, dass die Schere zwischen Arm und Reich immer weiter auseinandergeht?*
2. Wie lässt sich die Wahlbeteiligung in Deutschland wieder steigern? → *Wie lässt sich die Wahlbeteiligung in Deutschland weiter senken?*
3. Mit welchen Maßnahmen kann die EU in Brüssel dafür sorgen, dass sie sich den Bürgern annähert? → *Mit welchen Maßnahmen kann die EU in Brüssel dafür sorgen, dass sie sich weiter von den Bürgern entfernt?*

Joachim Traub: 55 Stundeneinstiege Politik © Auer Verlag

keine besonderen Voraussetzungen

vorbereitete Fragen auf Folie

Durchführung:

- Der Lehrer nennt das Thema und präsentiert die Fragen, die im weiteren Sinne zum Thema passen.
- Die Schüler sollen nun in Einzel- oder Partnerarbeit die Fragen auswählen, die ihrer Ansicht nach zur Bearbeitung des Themas notwendig sind.
- Anschließend bringen sie die Fragen in die Reihenfolge, in der sie sinnvollerweise im weiteren Verlauf beantwortet werden sollen.
- Ausgewählte Vorschläge werden besprochen. Die Schüler begründen ihre Auswahl.

Beispiel:

1. Wie viele Parteien gibt es in Deutschland?
2. Wie hat sich die Wahlbeteiligung in Deutschland verändert?
3. Wie ist das Wahlrecht in Deutschland geregelt?
4. Wie verläuft ein Parteiausschlussverfahren?
5. Welche Bedeutung haben die Erst- und Zweitstimme?
6. Was sind die Ursachen für die rückläufige Wahlbeteiligung?
7. Wie verläuft die Kandidatenauswahl der Parteien?
8. Welche Bedeutung hat der Wahlkampf?
9. Wie finanzieren die Parteien ihren Wahlkampf?
10. Wie wird der Bundeskanzler gewählt?

Fragen zum Thema „Wahlen in Deutschland"

Weiterer Hinweis:

Üblicherweise vermeidet man zu viele „W"-Fragen. Würde man aber bei diesem Einstieg mit Operatoren arbeiten, würde man die Schülerlösungen zu stark vorstrukturieren.

keine besonderen Voraussetzungen

Tafel

Durchführung:

- Der Lehrer nennt das Thema.
- Die Schüler sollen nun in Einzel- oder Partnerarbeit in den politischen Kategorien „Was ist?" (Problemfeststellung) – „Was ist möglich?" (Ermittlung realisierbarer Lösungen) – „Was soll sein?" (wünschenswerte Vorstellungen) jeweils zwei bis drei Aspekte formulieren.
- Ausgewählte Schüleräußerungen werden in einer Tabelle an der Tafel festgehalten.
- Der Lehrer ergänzt ggf. fehlende relevante Aspekte.
- Die Klasse verständigt sich auf ausgewählte Aspekte, die im Unterrichtsverlauf näher beleuchtet werden sollen.

Beispiele:

Was ist?	Was ist möglich?	Was soll sein?
• Zunehmende Flüchtlingszahlen • Zunehmende finanzielle Belastung der Kommunen • Integrationsproblematik • …	• Regulierung des Zuzuges • Freiwillige Unterstützung bei der Betreuung von Flüchtlingen • Spezielle Sprachkurse und Ausbildungsmöglichkeiten für Flüchtlinge	• EU-weite Koordination der Migrationsströme • Integration als gesamtgesellschaftliche Aufgabe • Wertepluralismus in einer offenen Gesellschaft

Schema zum Thema „Flüchtlinge"

Weiterer Hinweis:

Dieser Einstieg lässt die Schüler in politischen Kategorien denken, politische Probleme strukturiert betrachten und Lösungsvorschläge entwickeln.

4.1 Moderationsmethode

keine besonderen Voraussetzungen

farbige Moderationskarten bzw. Zettel (ca. 21 x 10 cm), Filzschreiber, Pinnwand oder Tafel und Klebestreifen, evtl. Klebepunkte

Durchführung:

- Jeder Schüler erhält drei bis fünf Moderationskarten.
- Der Lehrer nennt das Thema. Die Schüler notieren nun auf jeder Moderationskarte einen Aspekt, der ihnen dazu einfällt.
- Die Karten werden zunächst alle unstrukturiert an der Pinnwand oder an der Tafel befestigt. Doppelte Nennungen werden abgehängt.
- Zwei Schüler kommen nach vorne und clustern die Karten, d. h. sie ordnen die Karten nach selbstgewählten Kriterien und finden Oberbegriffe, die sie auf andersfarbige Moderationskarten darüber heften.
- Im Plenum wird über das Ergebnis diskutiert. Hat man sich auf eine mehrheitsfähige Lösung verständigt, erhält jeder Schüler drei Klebepunkte. Diese klebt er an die drei Karten, deren Inhalt ihn besonders interessiert.
- Die Karten mit den meisten Klebepunkten bilden den Schwerpunkt bei der Behandlung des Themas.

Beispiel:

Rechtliche Grundlagen	**Ursachen**	**Folgen**	**Maßnahmen**
Strafrecht	Langeweile	Strafen	Strafen
Jugendstrafrecht	Mutproben	Nachteile in Beruf / Schule	Abschreckung
BGB	Abenteuer	Probleme in der Familie	Information / Aufklärung
Jugendschutzgesetz	Geldsorgen	Probleme im Freundeskreis	Prävention
	Clique / Freunde	Gesellschaftliche Kosten	

Ideensammlung zum Thema „Jugendkriminalität"

4.2 Fragelandschaft

keine besonderen Voraussetzungen

kein

Durchführung:

- Der Lehrer nennt das Thema.
- Die Schüler versetzen sich nun in die Rolle eines Journalisten der lokalen Zeitung.
- Jeder Schüler formuliert aus seiner Rolle heraus acht bis zehn (W-) Fragen, die er bei einem Interview stellen würde.
- Ausgewählte Schüler stellen ihre Fragen vor.
- Die Schüler wählen die Fragen aus, die sie am interessantesten finden. Im Verlauf der Stunde wird versucht, so viele wie möglich davon zu beantworten.
- Ggf. kann am Stundenende bei den Schülern nachgefragt werden, ob sich nach der Behandlung des Themas weitere Fragen aufgetan haben.

Beispiel:

1. Wir wird man Bürgermeister?
2. Welche Aufgaben hat ein Bürgermeister?
3. Was verdient ein Bürgermeister?
4. Was ist der Unterschied zwischen einem Bürgermeister und einem Oberbürgermeister?
5. Wie lange dauert eine Amtsperiode?
6. Wie verläuft die Zusammenarbeit zwischen dem Bürgermeister und dem Gemeinderat?
7. Wie alt muss man sein, um Bürgermeister werden zu dürfen?
8. Wie oft ist eine Wiederwahl möglich?
9. Wie sieht ein typischer Arbeitstag eines Bürgermeisters aus?
10. Was an der Arbeit als Bürgermeister macht am meisten Spaß?

Fragelandschaft zum Thema „Bürgermeister“

Weiterer Hinweis:

Abhängig vom Thema können die Fragen der Schüler beispielsweise im Rahmen eines Lernganges oder eines Expertengespräches beantwortet werden.

4.3 Thematische Landkarte

keine besonderen Voraussetzungen

thematische Landkarte, die übersichtlich verschiedene Inhalte eines Themas darstellt

Durchführung:

- Die thematische Landkarte wird aufgehängt.
- Der Lehrer bittet die Schüler, sich diese anzuschauen und sich jenen Themenbereich herauszusuchen, der sie am meisten interessiert.
- Die Gruppen bearbeiten nun den von ihnen gewählten Themenbereich. Die thematische Landkarte bleibt während der Erarbeitung und der Präsentation des Themas im Klassenraum hängen.

Beispiel:

s. Folgeseite

Weitere Hinweise:

Die Methode gibt den Schülern zunächst einen Überblick über die gesamte Thematik bevor sie sich mit einzelnen Aspekten beschäftigen.

Die thematische Landkarte eignet sich für Inhalte, die parallel bearbeitet werden können und bei denen einzelne Teile nicht direkt aufeinander aufbauen.

Beispiel:

THEMATISCHE LANDKARTE STAATSVERSCHULDUNG
Staatsschuldenquote (Maastricht-Kriterien)
Deutschland spart sich kaputt
Ausmaß
Staatsverschuldung in Deutschland
2. 026. 408. 248. 786 €
Zuwachs / Sekunde
165 €
Schulden / Kopf
24.993 €
Staat/Volkswirtschaft
• Steuererhöhungen
• Streichung von Leistungen
• Verkauf von Staatseigentum
• ...
Schulden-bremse
Entwicklung
• Steuererhöhung
• Sinkende Leistungen
• Fehlende Investitionen in Infrastruktur
• ...
Haushalte/Unternehmen
Abwanderung
Sparen
Schwarzarbeit
Verlust der Ersparnisse
Ursachen:
Steigende Ausgaben * Zinseszinseffekt * Konjunkturschwankungen * Arbeitslosigkeit * Demografischer Wandel * Keine Tilgung * Fehlende Anreize zur Konsolidierung des Haushaltes
AUSWIRKUNGEN
MAßNAHMEN

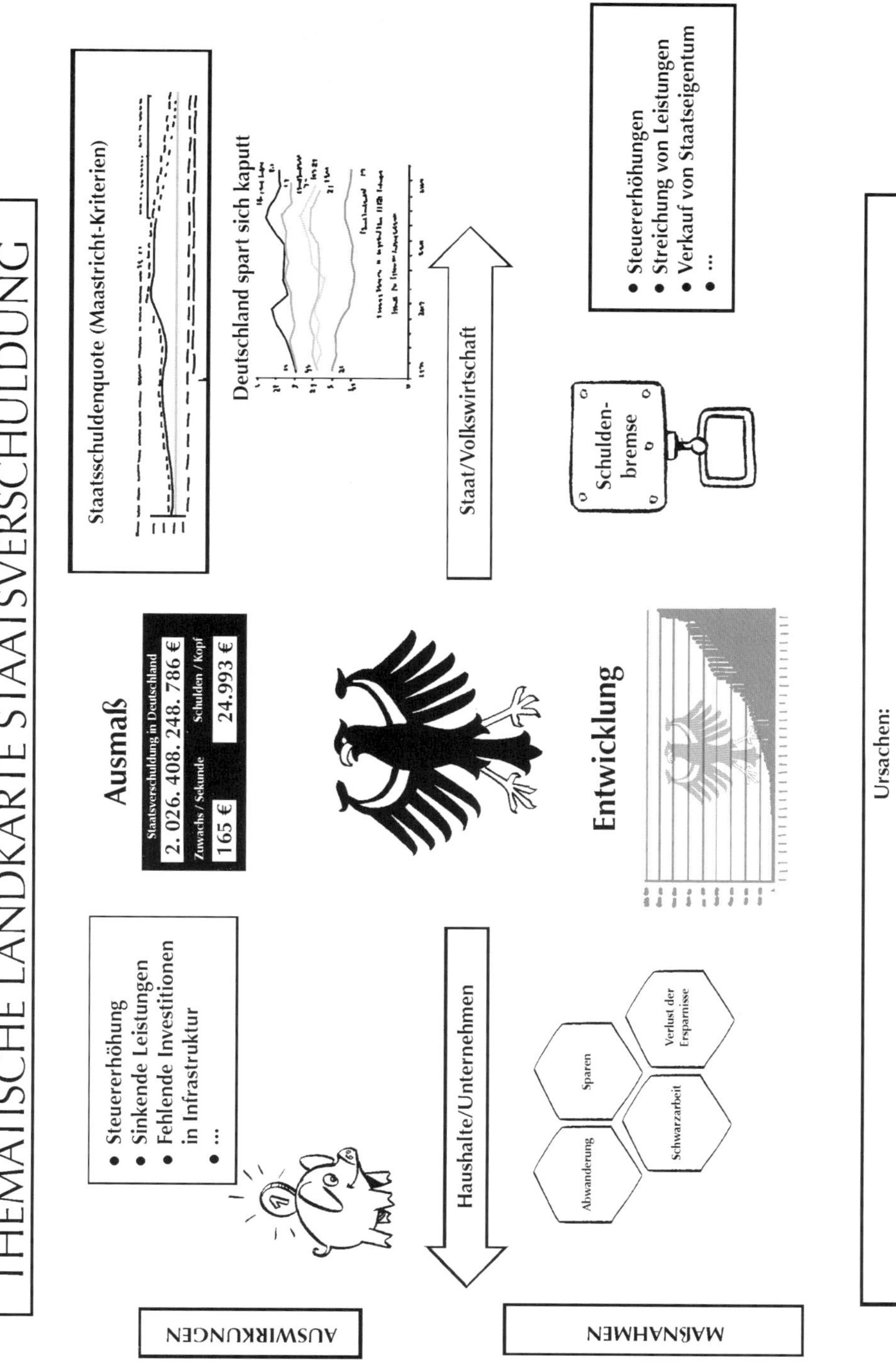

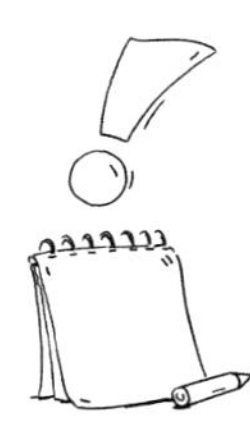

keine besonderen Voraussetzungen

Projektor, Speisekarte auf Folie

Durchführung:

- Der Lehrer legt die Speisekarte auf. Die Schüler wählen alleine oder in der Gruppe jeweils eine Vorspeise, ein Hauptgericht und eine Nachspeise.
- Die Schüler überlegen, ob die einzelnen Gänge des Menüs inhaltlich zueinander passen.

Beispiel:

s. Folgeseite

Weiterer Hinweis:

Die Speisekarte sollte ansprechend gestaltet sein, damit die Schüler „Appetit“ bekommen, sich mit den Inhalten zu beschäftigen.

Vorspeise (Ausgangsbedingungen / Rahmenbedingungen)

Warenströme

Globale Verkehrswege

Liberalisierung / Deregulierung / Abbau von Handelsschranken

Entwicklung der Auslanddirektinvestitionen

Zunahme der Bedeutung von Global Playern

Technischer Fortschritt / Senkung der Kommunikations- und Transportkosten

Hauptspeise (Probleme)

Situation in den Industrieländern

Situation in den Entwicklungsländern

Arbeitsmigration / Braindrain

Umwelt- und Sozialdumping

Nachspeise (Lösungsansätze)

Global Gouvernance

Internationale Organisationen (z. B. UN, WTO, IWF)

Internationale Abkommen (z. B. Klimakonventionen, Handelsabkommen)

Protektionismus / Abschottung vom Weltmarkt

Speisekarte zum Thema „Globalisierung"

4.5 Erwartungsinventar

ca. 10 Min. | ab 2. Lj.

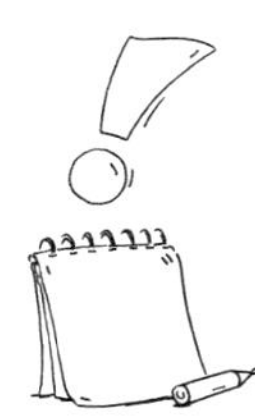

keine besonderen Voraussetzungen

DIN-A3-Blätter, Filzstifte, Klebeband

Durchführung:

- Der Lehrer nennt das Thema.
- Alle Schüler notieren zunächst in Einzelarbeit, was sie am genannten Thema besonders interessiert bzw. welche inhaltlichen Erwartungen sie an das Thema haben.
- Die Schüler arbeiten anschließend mit einem Partner, beispielsweise dem Sitznachbarn oder dem Vorder- bzw. Hintermann zusammen. Sie tauschen sich aus und notieren gemeinsam die zentralen Punkte auf einem DIN-A3-Blatt.
- Diese Blätter werden danach im Raum aufgehängt und von den Schülern in einem Gallery Walk betrachtet.
- Der Lehrer informiert die Schüler darüber, welchen Erwartungen er im Verlauf des Unterrichts gerecht werden kann, welche Aspekte nicht oder nur, wenn ausreichend Zeit zur Verfügung steht, behandelt werden können. Die Themen, auf die dann eingegangen wird, können markiert werden.
- Die Blätter bleiben während der gesamten Unterrichtseinheit im Klassenraum hängen.

Weitere Hinweise:

Diese Methode eignet sich für Themen, bei denen die Schüler über Vorkenntnisse verfügen.

Bei diesem informierenden Unterrichtseinstieg sieht der Lehrer, welche Erwartungen die Schüler an ein Thema haben.

Umgekehrt können die Schüler sich darauf einstellen, welche Schwerpunkte der Lehrer setzt.

Wichtig ist, dass der Lehrer transparent macht, weshalb bestimmte Aspekte behandelt werden und andere nicht.

keine besonderen Voraussetzungen

thematisch passende Bilder (fünf bis zehn Bilder mehr als Schüler in der Klasse sind)

Durchführung:

- Die Bilder werden auf einem Tisch ausgelegt. Die Schüler stehen im Kreis um den Tisch und bekommen die Gelegenheit, die Bilder in Ruhe zu betrachten.
- Der Lehrer nennt das Thema. Die Schüler sollen nun jeweils das Bild nehmen, das ihrer Meinung nach am besten passt / zu dem sie gerne mehr erfahren würden / zu dem sie etwas sagen können. Es ist auch möglich, dass sich mehrere Schüler für ein Bild entscheiden.
- (Ausgewählte) Schüler zeigen ihr Bild und begründen, weshalb sie sich dafür entschieden haben.

Weitere Hinweise:

Werden die Bilder auf Karton geklebt und / oder laminiert, lassen sie sich mehrfach verwenden.

Umfangreiche Bilddatenbanken mit gut einsetzbarem Material finden sich unter anderem bei den Kreismedienzentren, die von den Schulen kostenfrei genutzt werden können.

4.7 Angebotstisch

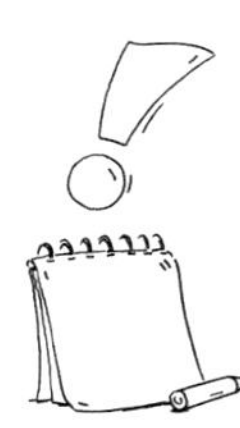

keine besonderen Voraussetzungen

verschiedene Materialien, die das Thema von unterschiedlichen Seiten beleuchten; schriftliche Arbeitsaufträge

Durchführung:

- Die Materialien werden mit den dazugehörigen Arbeitsaufträgen auf den Tischen im Klassenzimmer verteilt. Man sollte um jeden Tisch herumgehen können.
- Die Schüler wählen jeweils einen Tisch aus und bearbeiten die Materialien. Sie bestimmen auch, mit wem sie zusammenarbeiten möchten.
- In einer kurzen Feedbackrunde (Blitzlicht) geben die Schüler Rückmeldung über ihre Erfahrungen.

Beispiel:

Angebotstische zum Thema „Geldpolitik der EZB"

- **Tisch 1:** Abbildung verschiedener Euromünzen und -scheine
- **Tisch 2:** Diagramme zum Thema Wechselkurse
- **Tisch 3:** Presseschau mit verschiedenen Artikeln / Schlagzeilen zur Geldpolitik der EZB
- **Tisch 4:** Verschiedene Karikaturen, die sich mit dem Thema Staatsschuldenkrise beschäftigen
- **Tisch 5:** Flyer, (Image-)Broschüren der EZB
- **Tisch 6:** …

Weiterer Hinweis:

Diese Methode gibt den Schülern einen groben Überblick über die Inhalte des Themas und ermöglicht ihnen „hineinzuschnuppern". So werden sie motiviert, sich mit weiteren Aspekten zu beschäftigen.

Kenntnisse im Umgang und der Erstellung einer Mindmap

vorbereitete Kärtchen mit zum Thema passenden und nicht passenden Begriffen

Durchführung:

- Die Klasse wird in Gruppen zu vier bis sechs Schülern eingeteilt.
- Der Lehrer nennt das Thema und jede Gruppe erhält einen Satz Begriffskärtchen.
- Nun sollen die Schüler mithilfe der Kärtchen eine Mindmap zum Thema erstellen. Dabei sollen sie Begriffe, die ihrer Meinung nach nicht zum Thema passen, aussortieren.
- Die Gruppen stellen ihre Ergebnisse kurz vor und begründen, weshalb bestimmte Begriffe keine Verwendung fanden.

Beispiel:

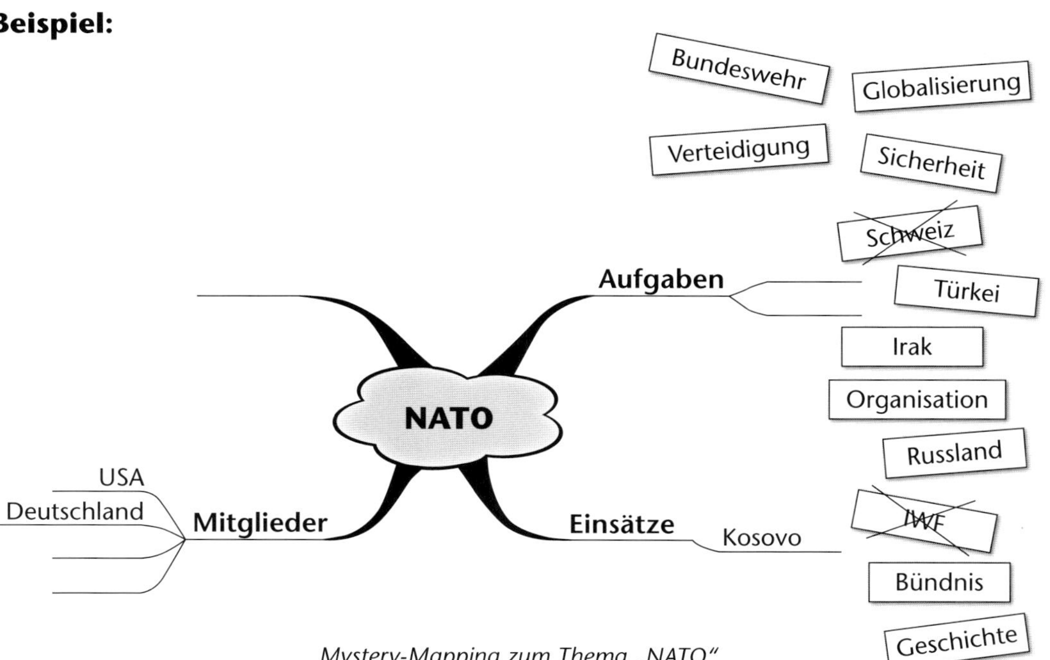

Mystery-Mapping zum Thema „NATO"

Weitere Hinweise:

Je nach Kenntnisstand der Schüler kann eine bereits vorstrukturierte Mindmap als Unterstützung gegeben werden.

Variante: Um das Vorwissen der Schüler stärker zu aktivieren, erhalten die Gruppen leere Kärtchen, auf die sie eigene Begriffe notieren können.

Joachim Traub: 55 Stundeneinstiege Politik © Auer Verlag

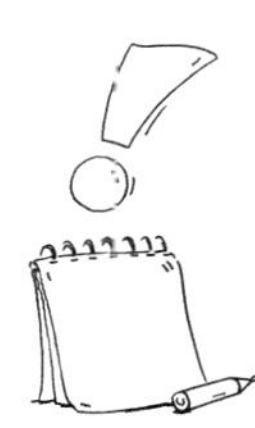

Methodenkompetenz bei der Auswertung von Karikaturen

je nach Klassengröße sechs bis zehn Karikaturen zum Thema auf Folie, Projektor

Durchführung:

- Der Lehrer nennt das Thema.
- Jede Gruppe erhält eine zum Thema passende Karikatur.
- Die Schüler analysieren ihre Karikatur, indem sie sie zunächst beschreiben, danach die dargestellten Zusammenhänge erklären und schließlich die Kernaussage der Karikatur in einem Satz festhalten.
- Die einzelnen Gruppen präsentieren im Anschluss daran kurz ihre Überlegungen. Die jeweiligen Kernaussagen bilden die Arbeitshypothesen, die im Verlauf des Themas untersucht werden.

Beispiel:

Karikatur zum Thema „Streik / Tarifverhandlungen"

Weiterer Hinweis:

Finden sich zu einem Thema nicht genügend aussagekräftige Karikaturen, können auch jeweils zwei Gruppen dieselbe Karikatur analysieren.

Joachim Traub: 55 Stundeneinstiege Politik © Auer Verlag

4.10 Wortwolke

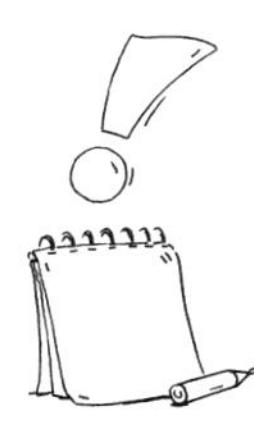

keine besonderen Voraussetzungen

vorbereitete Wortwolke auf Folie, Projektor

Durchführung:

- Der Lehrer legt die Folie mit der Wortwolke auf, welche die zentralen Begriffe des Themas enthält.
- Die Schüler notieren sich nun die Begriffe, von denen sie mehr wissen wollen, die sie schon kennen, die sie gar nicht interessieren etc.
- Die einzelnen Aspekte werden im Plenum besprochen.
- Abschließend werden die Schüler gefragt, welche Begriffe ihrer Meinung nach auch noch in die Wortwolke gehören.

Beispiel:

Wortwolke zum Thema „Bundestag"

Weitere Hinweise:

Im Internet finden sich zahlreiche kostenfrei Programme, um Wortwolken zu erstellen, z. B. wordle.net oder www.abcya.com.

Variante: Am Ende der Unterrichtseinheit erstellen die Schüler eine eigene Wortwolke mit Begriffen, die ihnen im Zusammenhang mit dem Thema wichtig sind.

4.11 Collage

keine besonderen Voraussetzungen

zum Thema passende Broschüren, Zeitungs- / Zeitschriftenartikel, Karikaturen, Bilder, Diagramme usw.; Packpapier, Klebestifte, Scheren

Durchführung:

- Alle Materialien werden auf einem zentralen Tisch im Klassenzimmer bereitgelegt.
- Der Lehrer nennt das Thema.
- Die Schüler fertigen in Partnerarbeit mithilfe der Materialien eine Collage an, die darstellt, wie sie das Thema verstehen und die die für sie relevanten Aspekte enthält.
- Die Ergebnisse werden im Klassenzimmer aufgehängt. Die Schüler gehen herum und betrachten in einem Gallery Walk die Collagen.
- In einer kurzen Plenumsphase kann auf ausgewählte Collagen näher eingegangen werden.
- Die Collagen bleiben während der Unterrichtseinheit im Klassenzimmer als Orientierung hängen.

Beispiel:

Collage zum Thema „Aktien und Börse"

Weiterer Hinweis:

Eine Collage eignet sich als Einstieg in Themen, bei denen die Schüler bereits über Vorkenntnisse verfügen.

4.12 Demo

ca. 8 Min. | ab 2. Lj.

keine besonderen Voraussetzungen

keine

Durchführung:

- Der Lehrer nennt das Thema / die Problemstellung.
- Die Schüler sollen sich nun in Einzel- oder Partnerarbeit drei bis fünf Forderungen notieren, die aus ihrer Sicht relevant sind. Dabei sollen sie ihre Forderungen möglichst prägnant und plakativ formulieren.
- Nach drei Minuten geben alle Schüler / Paare ihre Notizen nach rechts weiter.
- Die Schüler prüfen nun die Forderungen der Mitschüler auf Realisierbarkeit und Stichhaltigkeit.
- Ausgewählte Forderungen werden im Plenum diskutiert.

Beispiel:

Demonstration zum Thema „Bildungspolitik"

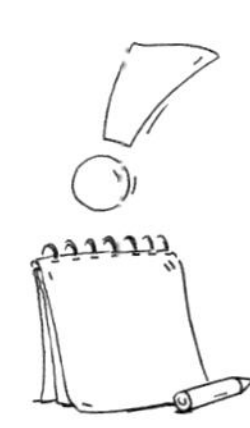

keine besonderen Voraussetzungen

vorbereitete Rollenkarten

Durchführung:

- Die Klasse wird in so viele Gruppen eingeteilt, wie es Rollen zu besetzen gilt.
- Die Gruppen bereiten sich auf das Rollenspiel vor, indem sie aufgeführte Argumente ergänzen und überlegen, welche Argumente die anderen Gruppen anführen könnten.
- Von jeder Gruppe kommt nun ein Schüler nach vorne, der an der Diskussion teilnimmt. Ggf. übernimmt ein Schüler die Moderation.
- Die Schüler diskutieren eine vorher festgelegte Zeit lang.
- Am Ende wird im Plenum darüber gesprochen, welcher Schüler seine Position am überzeugendsten vertreten hat. Anschließend sollen die Schüler noch Gelegenheit bekommen, ihre persönliche Meinung zum Thema zu äußern.

Beispiel:

Anwohner
Wir lehnen das Windrad ab, weil es die Landschaft verschandelt. Der Schattenwurf der Rotoren stört ebenso wie das brummende Geräusch. Außerdem befürchten wir, dass dadurch die Grundstückspreise sinken.

Umweltschützer
Die Windkraft ist eine regenerative Energiequelle. Da der Wind genutzt wird, kann kostengünstig und ohne Treibhausgase Strom erzeugt werden. Windräder benötigen wenig Platz und die Technologie ist nicht so komplex wie bei vielen konventionellen Kraftwerken.

Windkraft-Kritiker
Windkraft ist an vielen Standorten nicht effektiv. Und dort, wo es sich lohnt, beispielsweise an den Küsten im Norden, müssen teure Stromtrassen zu den Verbrauchern im Süden erstellt werden. Zudem weht der Wind nicht regelmäßig.

Bürgermeister des Windkraftstandorts
Ich befürworte den Bau des Windrades. Unsere Gemeinde unterstützt umweltfreundliche Technologien. Wir wollen uns als Öko-Dorf profilieren. Dann profitieren wir natürlich als Gemeinde durch mehr Gewerbesteuer und möglicherweise entstehen sogar neue Arbeitsplätze.

Rollenkarten für eine Diskussion zum Thema „Bau eines Windrades"

Weiterer Hinweis:

Ein Rollenspiel als Einstieg in eine Unterrichtseinheit gibt den Schülern einen Überblick über die unterschiedlichen Positionen und Argumente. Die Diskussion wird umso lebhafter, je größer die Vorkenntnisse der Schüler sind.

4.14 Brainwriting

ca. 10 Min. | ab 2. Lj.

keine besonderen Voraussetzungen

DIN-A3-Blätter mit jeweils einem Bild, einer Karikatur, einem Diagramm etc. zum Thema

Durchführung:

- Jeder Schüler erhält ein Blatt. Abhängig von der Schülerzahl können auch verschiedene Materialien mehrfach verteilt werden.
- Jeder Schüler notiert darauf Gedanken, Fragen, Kommentare etc., die ihm dazu einfallen.
- Nach 30 Sekunden werden die Blätter an den Sitznachbarn weitergereicht.
- Nun nimmt dieser Stellung. Er kann dabei sowohl das ursprüngliche Material als auch die Anmerkungen seines Mitschülers kommentieren.
- Der Vorgang wird drei- bis viermal wiederholt.
- Anschließend werden die Blätter im Klassenzimmer aufgehängt und in einem Gallery Walk von den Schülern betrachtet.

Index

Jederzeit optimal vorbereitet in den Unterricht?

»

Hier finden Sie alle Unterrichtsmaterialien

der Verlage Auer, AOL-Verlag und PERSEN

immer und überall online verfügbar.

lehrerbuero.de

Jetzt kostenlos testen!

lehrerbüro

Das Online-Portal für Unterricht und Schulalltag!